한글2016
작품만들기

초판 발행일 | 2021년 6월 10일
지은이 | 해람북스 기획팀
펴낸이 | 최용섭
총편집인 | 이준우
기획진행 | 김진희

주소 | 서울시 용산구 한남대로 11길 12, 6층
문의전화 | 02-6337-5419   **팩스** | 02-6337-5429
홈페이지 | http://www.hrbooks.co.kr

발행처 | (주)미래엔에듀파트너
출판등록번호 | 제2016-000047호

ISBN | 979-11-6571-147-4 13000

Contents

한글 2016 작품만들기

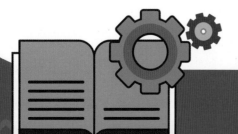

C▶ntents

한글 2016 작품만들기

CHAPTER 01

동요 가사집

오늘의 미션
- ✓ 스타일 추가하기
- ✓ 스타일 적용하기
- ✓ 찾아 바꾸기

가곡, 가요, 오페라 등으로 불릴 것을 전제로 하여 쓰인 글을 가사라고 하고, 이 **가사**를 일정한 기준에 따라 여러 곡의 노랫말로 모아서 엮은 책을 **가사집**이라고 합니다.

 작품 미리보기

예제파일 동요.hwp   완성파일 동요(완성).hwp

가을 길

김규환 작사, 김규환 작곡

흥부와 놀부

하늘나라 동화

01 스타일 추가하기

자주 사용하는 글자 모양이나 문단 모양, 글머리 표 등을 스타일로 지정합니다.

1 한글2016을 실행한 다음 [파일] 탭의 [불러오기]를 클릭하여 '동요.hwp' 파일을 불러옵니다.

2 [서식] 탭에서 [스타일 추가하기]를 클릭하여 [스타일 추가하기] 대화상자가 실행되면 '스타일 이름'을 '제목스타일'로 입력하고 [문단 모양]을 클릭하여 '정렬 방식'을 '가운데 정렬'로 지정하고 [설정]을 클릭합니다.

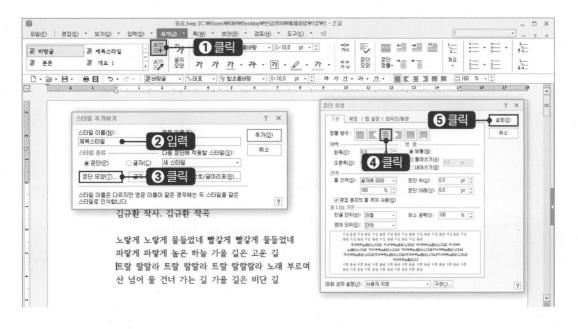

3 그 다음 [스타일 추가하기] 대화상자의 [글자 모양]을 클릭하여 [글자 모양] 대화상자가 실행되면 '기준 크기'를 '20pt', '글꼴'을 '휴먼둥근헤드라인', '글자 색'을 임의의 색으로 지정한 후 [설정]을 클릭하고, [스타일 추가하기] 대화상자의 [추가]를 클릭합니다.

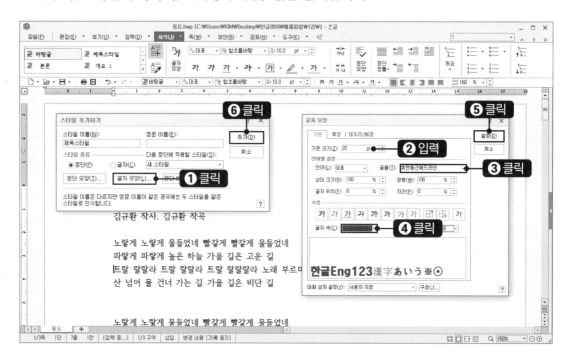

4 **2** ~ **3** 과 같은 방법으로 '작사작곡스타일'과 '가사스타일'의 스타일을 추가합니다.

스타일 이름 : 작사작곡스타일	스타일 이름 : 가사스타일
문단 모양 정렬 방식 – 오른쪽 정렬 **글자 모양** 글꼴 – 궁서, 글자 색 – 임의의 색	**문단 모양** 정렬 방식 – 가운데 정렬, 줄 간격 – 글자에 따라 200% **글자 모양** 글꼴 – 휴먼매직체, 음영 색 – 임의의 색

 TIP F6 키를 누르면 스타일 추가하기 대화상자가 빠르게 실행돼요.

02 스타일 적용하기

지정한 영역을 추가한 스타일로 적용합니다.

1 '가을 길'을 드래그 한 후 서식 도구 상자 모음바에서 [스타일]의 목록 버튼을 클릭하고 '제목 스타일'을 클릭합니다.

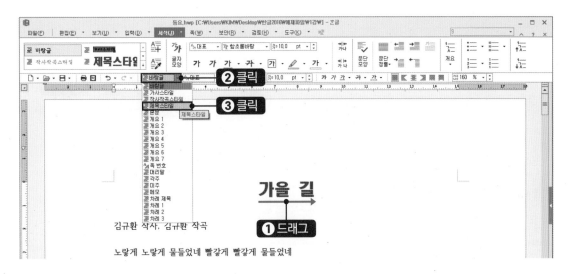

2 **1** 과 같은 방법으로 '김규환 작사, 김규환 작곡'은 '작사작곡스타일', '노랗게 ~ 우리 길'은 '가사스타일'로 스타일을 적용합니다.

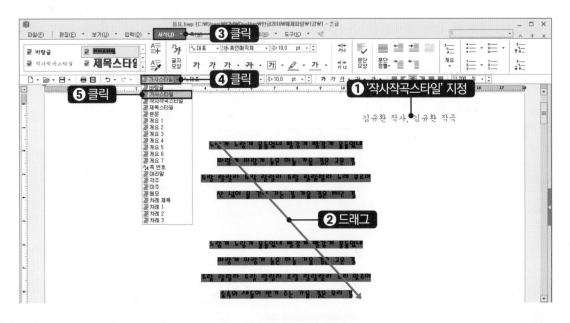

3 2페이지의 '흥부와 놀부', 3페이지의 '하늘나라 동화'도 각각 '제목스타일', '작사작곡스타일', '가사스타일'을 적용합니다.

03 찾아 바꾸기

특정한 단어를 찾아 특정한 단어 및 스타일로 바꿉니다.

1 [편집] 탭에서 [찾기]의 [찾아 바꾸기]를 클릭하여 [찾아 바꾸기] 대화상자가 실행되면 '찾을 내용'에 '빨갛게'와 '바꿀 내용'에 '빨갛게'를 입력한 후 바꿀 내용의 [서식 찾기]를 클릭하고 [바꿀 글자 모양]을 클릭합니다.

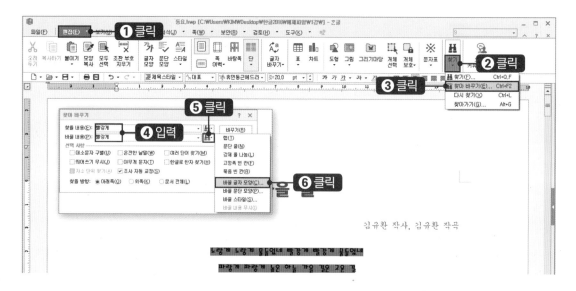

2 [글자 모양] 대화상자가 실행되면 '기준 크기'를 '15pt'로, '글자 색'을 '빨강'으로 지정한 후 [설정]을 클릭합니다. 그리고 [찾아 바꾸기] 대화상자에서 '문서 전체'를 클릭한 후 [모두 바꾸기]를 클릭합니다.

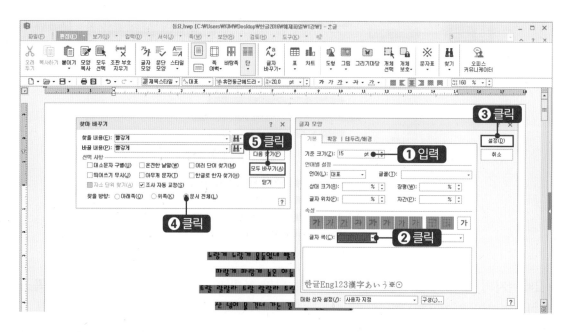

실력 쑥쑥! 창의력 쑥쑥!

1 다음과 같은 문서를 완성해 보세요.

예제파일 꽃밭에서.hwp   완성파일 꽃밭에서(완성).hwp

1 스타일 추가
- 스타일 이름 : '제목'
  - 기준 크기 : '40pt'
  - 글꼴 : '양재 와당'
  - 글자 색 : '빨강'
  - '가운데 정렬'
- 스타일 이름 : '가사1절'
  - 기준 크기 : '12pt'
  - 글꼴 : '함초롬돋움'
  - 글자 색 : 임의의 색
- 스타일 이름 : '가사2절'
  - 기준 크기 : '12pt'
  - 글꼴 : '함초롬돋움'
  - 글자 색 : 임의의 색

2 스타일 적용
- 제목 : 스타일 '제목' 적용
- 가사 1절 : 스타일 '가사1절' 적용
- 가사 2절 : 스타일 '가사2절' 적용

2 다음과 같이 문서를 완성해 보세요.

예제파일 네모의 꿈.hwp   완성파일 네모의 꿈(완성).hwp

1 스타일 추가
- 스타일 이름 : '제목'
  - 기준 크기 : '30pt'
  - 글꼴 : '휴먼엑스포'
  - 글자 색 : 임의의 색
  - '가운데 정렬'
- 스타일 이름 : '가사'
  - 기준 크기 : '12pt'
  - 글꼴 : '휴먼모음T'
  - '가운데 정렬'

2 스타일 적용
- 제목 : 스타일 '제목' 적용
- 가사 : 스타일 '가사' 적용

3 찾아 바꾸기
- 네모 : ■ (글자 색 – '파랑')

CHAPTER 02

나의 버킷 리스트

오늘의 미션
- ✓ 글맵시 추가하고 편집하기
- ✓ 그림 추가하고 편집하기
- ✓ 그리기마당 추가하고 편집하기

버킷 리스트란 죽기 전에 꼭 한 번쯤은 해 보고 싶은 것들을 정리한 목록을 말합니다.
우리나라에서는 '소망목록'이라는 단어로 대신 사용하고 있습니다.

 작품 미리보기

예제파일 어린이1.png   **완성파일** 버킷리스트(완성).hwp

01 글맵시 추가하고 편집하기

글자를 구부리는 등의 다양한 효과를 주어 문자를 꾸밉니다.

1 한글2016을 실행한 다음 [입력] 탭의 [글맵시]를 클릭합니다. [글맵시 만들기] 대화상자가 실행되면 '내용'에 '나의 버킷 리스트'을 입력하고, '글꼴'을 'HY나무B'와 '글맵시 모양'을 '위로 넓은 원통'을 지정한 후 [설정]을 클릭합니다.

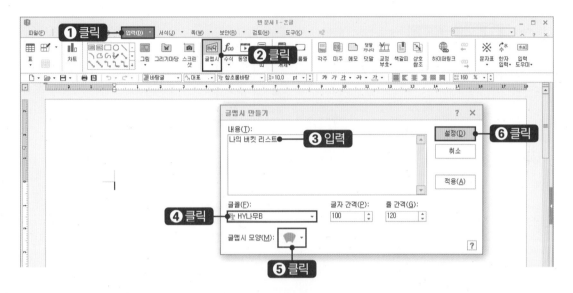

2 추가된 글맵시의 조절점을 드래그하여 크기를 조절하고 더블클릭합니다. [개체 속성] 대화상자가 실행되면 [채우기] 탭을 클릭하고 '그러데이션'을 선택하여 '시작 색'과 '끝 색'을 임의의 색으로 지정하고 '유형'을 '수평'으로 지정한 후 [설정]을 클릭합니다.

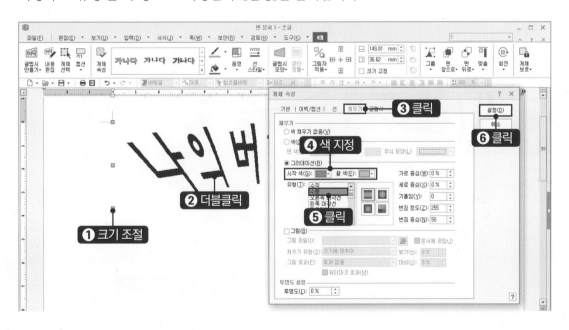

02 그림 추가하고 편집하기

그림 파일이 저장되어 있는 드라이브나 폴더를 선택하여 문서에 삽입합니다.

1 [입력] 탭의 [그림]을 클릭하여 [그림 넣기] 대화상자를 실행합니다. '어린이1.png'를 선택하고 '마우스로 크기 지정'을 체크한 후 [넣기]를 클릭합니다. 그리고 마우스로 클릭, 드래그하여 그림을 추가합니다.

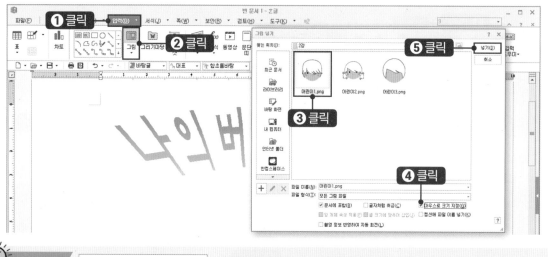

TIP 그림 배치를 할 때 본문과의 배치를 '글 앞으로'로 설정하면 그림을 쉽게 배치할 수 있어요!

2 삽입한 그림을 선택하고 Shift 키를 누른채로 조절점을 드래그하여 그림의 여백을 잘라냅니다.

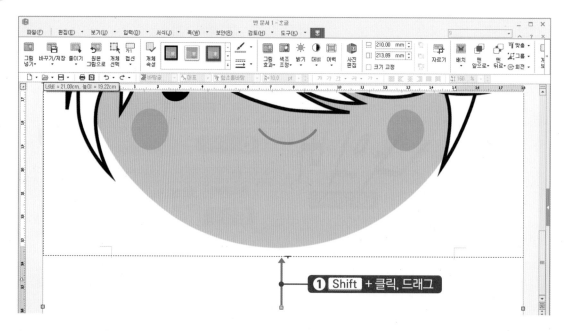

그리기마당을 추가하고 편집하기

미리 만들어 등록해 놓은 개체를 삽입하여 빠르게 그립니다.

1 [입력] 탭의 [그리기마당]을 클릭합니다. [그리기마당] 대화상자를 실행되면 [그리기 조각] 탭의 '선택할 꾸러미'에서 '설명상자(일반)' 꾸러미를 클릭하고 '말풍선01'을 클릭하여 [넣기]를 클릭한 다음 마우스로 클릭, 드래그하여 말풍선을 추가합니다.

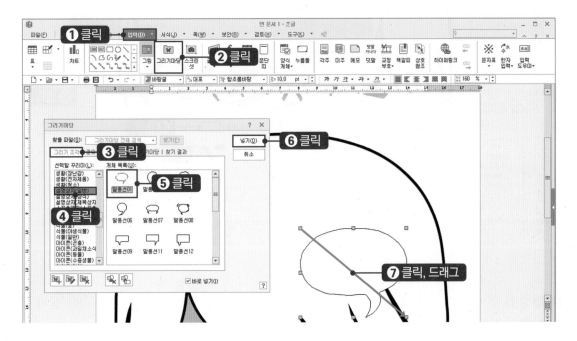

2 추가한 말풍선을 선택한 후 ![아이콘] 탭의 [회전] 메뉴의 여러 가지 회전 기능으로, 말풍선의 모양을 회전하여 다음과 같이 배치합니다.

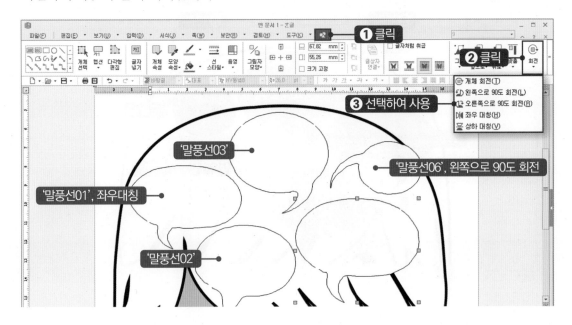

3 각각의 말풍선을 더블클릭하여 [개체 속성] 대화상자를 실행하고 [채우기] 탭에서 '면 색'을 임의의 색, [선] 탭에서 '종류'를 '선 없음'을 지정한 후 [설정]을 클릭합니다.

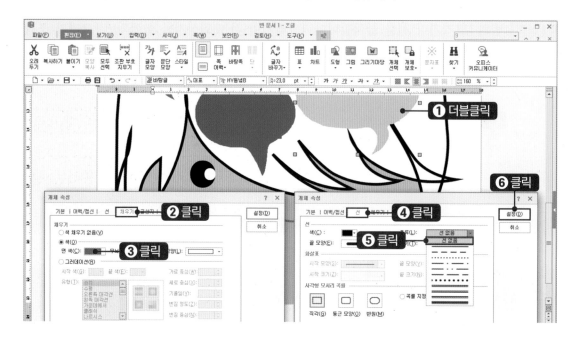

4 말풍선 안에 글자를 입력하고, 입력한 글자를 드래그하여 '글꼴'을 'HY동녘B'와 '글자 크기'를 말풍선 사이즈에 맞게 변경합니다.

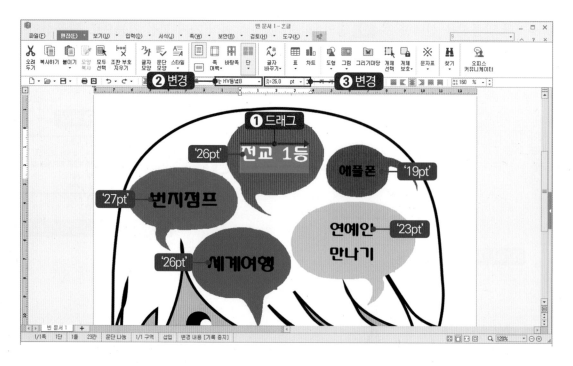

실력 쑥쑥! 창의력 쑥쑥!

1 다음과 같이 문서를 완성해 보세요.

예제파일 어린이2.png **완성파일** 장래희망(완성).hwp

① 글맵시 삽입
- 글맵시 모양 : '갈매기형 수장'
- 글꼴 : 'HY강B'
- 면 색 : 임의의 색

② '어린이2' 그림 삽입
- 자르기

③ 그리기마당 삽입
- 설명상자(일반) 꾸러미 : '말풍선01(좌우대칭)', '말풍선06(회전)'
- 글꼴 : '양재깨비체B'
- 면 색 : 임의의 색

2 다음과 같이 문서를 완성해 보세요.

예제파일 어린이3.png **완성파일** 상태메시지(완성).hwp

① 글맵시 삽입
- 글맵시 모양 : '직사각형'
- 글꼴 : '#태 그래픽'
- 면 색 : 임의의 색

② '어린이3' 그림 삽입
- 자르기

③ 그리기마당 삽입
- 설명상자(일반) 꾸러미 : '말풍선01(좌우대칭)'
- 아이콘(편집) 꾸러미 : '물음표'
- 글꼴 : '양재참숯체B'
- 면 색 : 임의의 색

복불복 돌림판

오늘의 미션
- ✓ 도형을 추가하고 그림으로 채우기
- ✓ 개체를 복사/회전하고, 개체의 정렬 기준 맞추기
- ✓ 글상자를 추가하여 글자 입력하기

돌림판은 여러 사람에게 알리기 위하여 어떤 내용을 적어 돌리는 판으로 최근에는 미션을 돌림판에 적어 해당하는 내용대로 실행하는 게임의 도구로 많이 사용하고 있습니다.

 작품 미리보기

예제파일 배경.png   완성파일 복불복(완성).hwp

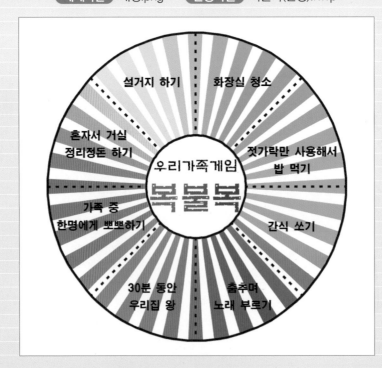

01 도형을 추가하고 그림으로 채우기

추가한 도형의 채우기를 그림으로 채웁니다.

1 한글2016을 실행한 다음 [편집] 탭의 [도형]을 클릭하여 '타원'을 추가하고, 더블클릭하여 [개체 속성]을 실행합니다. [기본] 탭에서 '너비'를 '150mm'와 '높이'를 '150mm' 입력하여 크기를 지정하고, [선] 탭에서 '굵기'를 '1mm'로 지정합니다.

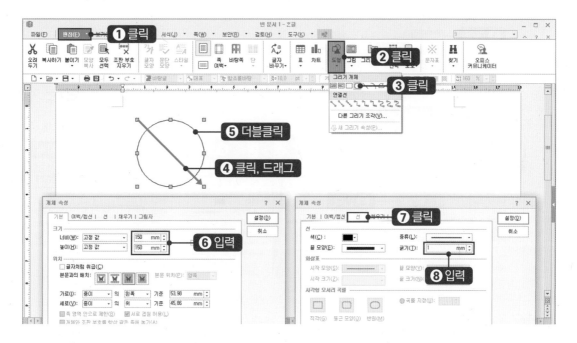

2 그 다음 [채우기] 탭을 클릭하고 '그림'을 체크하여 활성화하고 '그림 선택'을 클릭하여 '배경.png'를 삽입한 다음 '채우기 유형'을 '크기에 맞추어', '밝기'를 '30%'로 지정한 후 [설정]을 클릭합니다.

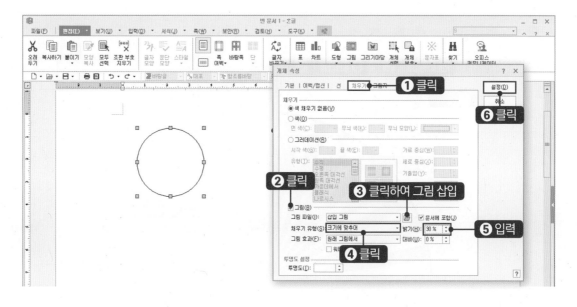

02 개체를 복사/회전하고, 개체의 정렬 기준 맞추기

여러 개의 개체를 만들어 개체의 정렬 기준을 맞춥니다.

1 [입력] 탭에서 '직선'을 클릭하고 [Shift] 키를 누른채로 클릭, 드래그하여 가로 직선을 추가합니다.
추가한 직선을 더블클릭하여 [개체 속성]을 실행하고 [기본] 탭에서 '너비'를 '150mm', [선] 탭에서
'종류'를 '점선', '굵기'를 '1mm'로 변경하고 [설정]을 클릭합니다.

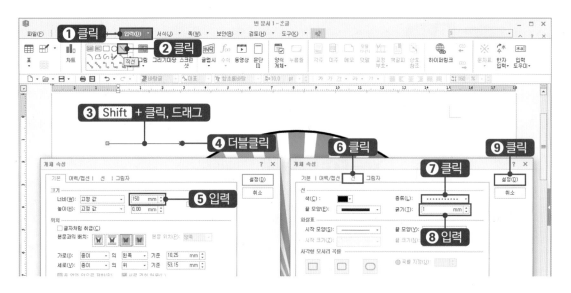

2 직선을 선택하고 [Ctrl] + [C] 키를 눌러 복사한 후 [Ctrl] + [V]를 3번 눌러 직선 3개를 붙여넣기
합니다. 그 다음 복사된 직선을 더블클릭하여 [개체 속성]을 실행하고 '회전각'을 각각 '45°', '90°',
'135°'로 변경합니다.

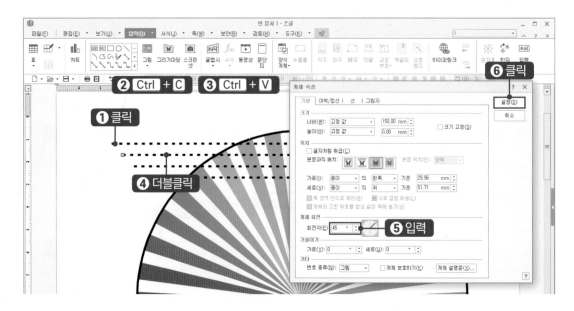

③ **Shift** 키를 누른채로 타원과 직선을 클릭하여 모두 선택한 후 📷 탭을 클릭하고 [맞춤]의 [중간 맞춤], [가운데 맞춤]을 차례로 클릭합니다. 그 다음 [그룹]의 [개체 묶기]를 실행하여 하나의 개체로 만듭니다.

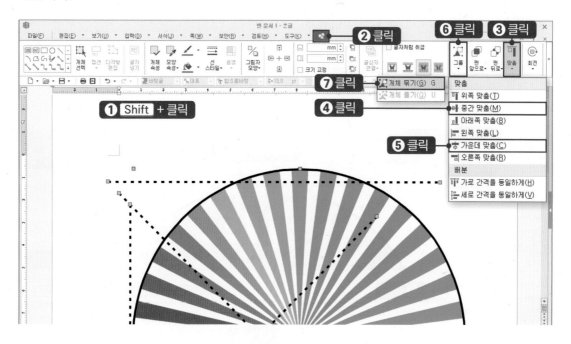

④ [입력] 탭에서 '타원'을 클릭하여 추가하고 '너비'를 '50mm', '높이'를 '50mm', 선의 '굵기'를 '1mm', '면 색'을 임의의 색으로 지정합니다. 앞에서 만든 개체와 추가한 타원을 선택하고 ③ 과 같은 방법으로 맞춤합니다.

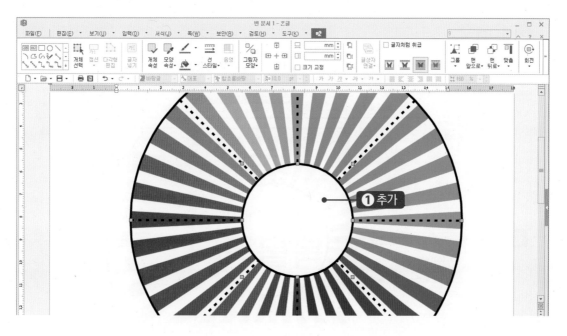

03 글상자를 추가하여 글자 입력하기

문서 중간에 박스형 글을 넣을 때 글상자를 추가하여 글자를 입력합니다.

1 [입력] 탭의 '가로 글상자'를 선택하고 클릭, 드래그하여 추가합니다. 추가한 글상자를 더블클릭하여 '선 없음', '색 채우기 없음'을 지정합니다. 투명해진 글상자에 미션을 입력한 후 드래그하여 글꼴을 'HY견고딕', 글자 크기를 '15pt', '가운데 정렬'을 설정합니다. 그 다음 글상자를 복사하여 배치한 후 미션을 변경합니다.

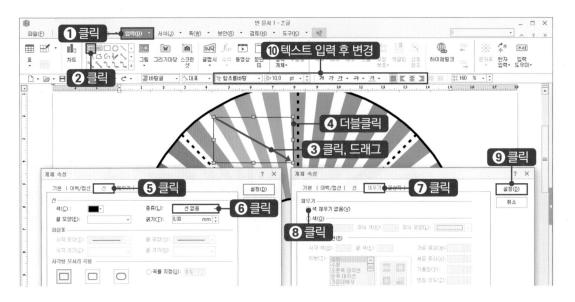

2 '타원'을 선택한 후 마우스 오른쪽 버튼을 클릭하고 [도형 안에 글자 넣기]를 클릭하여 글상자로 변경한 뒤 다음과 같이 텍스트를 입력하고 'HY목각파임B', '20pt', '45pt', 임의의 색으로 변경합니다.

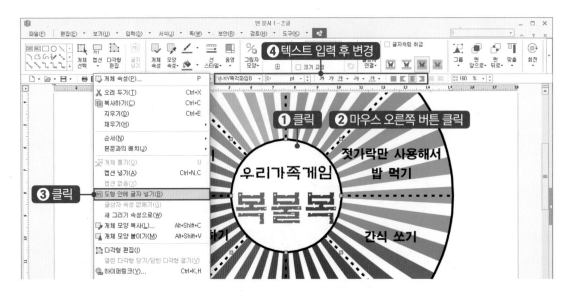

실력 쑥쑥! 창의력 쑥쑥!

1 다음과 같이 돌림판을 완성해 보세요.

예제파일   배경2.png   완성파일   메뉴선정(완성).hwp

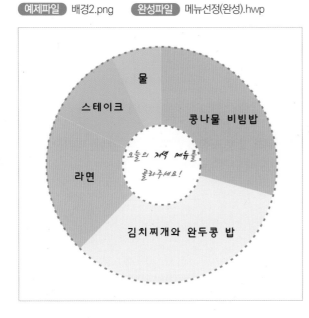

1. '타원' 도형 삽입
   - 크기 : 150*150mm, 50*50mm
   - 선 종류 : '점선'
   - 선 굵기 : '1mm'
   - 선 색 : 임의의 색
2. '배경2' 그림 채우기
3. '가로 글상자' 도형 삽입
   - 글꼴 : 'HY강B', '한컴 쿨재즈 B'
   - 글자 크기 : '20pt', '21pt'
   - 글자 색 : 임의의 색

2 다음과 같이 카드를 완성해 보세요.

예제파일   카드1.jpg~카드6.jpg   완성파일   타로카드(완성).hwp

1. '직사각형' 도형 삽입
   - 크기 : 50*80mm
   - 선 종류 : '실선'
   - 선 굵기 : '0.5mm'
   - 선 색 : '검정'
2. '카드1~카드6' 그림 채우기

CHAPTER 04

달달 암기장

오늘의 미션
- ☑ 문자 및 문자표 입력하기
- ☑ 단축키로 표 및 셀 편집하기
- ☑ 단축키로 표 및 셀 속성 변경하기

중요한 단어나 용어를 외우기 위해 그 뜻과 함께 간단히 적은 공책을 암기장이라고 합니다.
암기장은 휴대하여 암기할 수 있도록 낱장으로 만들기도 합니다.

 작품 미리보기

예제파일 단축키.hwp   **완성파일** 단축키(완성).hwp

한글 문서를 빠르게 작성 하는 꿀 Tip - 단축키

분류	단축키	기능	중요도
기능	F1	도움말	★
	F6	스타일	★
	F7	편집 용지	★
문서	Alt + N	새글	★
	Alt + O	불러오기	★
	Alt + X	끝내기	★
	Alt + F4	문서 닫기	★
	Alt + S	저장하기	★
	Alt + V	다른 이름으로 저장하기	★
편집	Insert	삽입/수정	★
	Ctrl + A	전체 선택	★
	Ctrl + C	복사하기	★
	Ctrl + X	오려 두기	★
	Ctrl + V	붙이기	★
	Ctrl + E	지우기	★
	Ctrl + Z	되돌리기	★
	Ctrl + F	찾기	★
	Ctrl + F2	찾아 바꾸기	★
	Ctrl + Enter↵	강제쪽 나누기	★
	Alt + L	글자모양	★
	Alt + T	문단모양	★
입력	Ctrl + N, T	표 만들기	★
	Ctrl + N, M	수식 편집기	★
	Ctrl + N, B	글상자 만들기	★
	Ctrl + N, I	그림 넣기	★
	Ctrl + N, H	머리말/꼬리말	★
	Ctrl + N, N	각주	★
	Ctrl + N, P	쪽 번호 매기기	★
	Ctrl + N, K	고치기(개체속성 등)	★
	Ctrl + F10	문자표 입력	★
	Ctrl + K, N	문단 번호/글머리표	★
	Ctrl + K, H	하이퍼링크	★
	Ctrl + K, B	책갈피	★

문자 및 문자표 입력하기

빈 셀에 문자와 특수 문자를 문자표에서 찾아 입력합니다.

1 한글2016을 실행한 다음 [파일] 탭의 [불러오기]를 클릭하여 '단축키.hwp' 파일을 불러옵니다.

2 'Ctrl + '을 드래그 한 후 마우스 오른쪽 버튼을 클릭하여 바로가기 메뉴를 실행하고 [복사하기]를 클릭합니다. 이 때 '복사하기'의 단축키를 함께 확인합니다. 그 다음 아래쪽 셀에 커서를 위치시킨 후 오른쪽 버튼을 클릭하여 바로가기 메뉴를 실행하고 [붙이기]를 클릭합니다. 이 때 '붙이기'의 단축키도 함께 확인합니다.

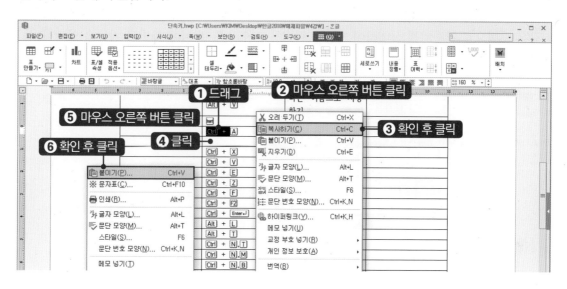

3 Ctrl 키와 F10 키를 함께 눌러 [문자표 입력]을 실행하고 [호글(HNC) 문자표] 탭을 클릭한 후 '문자 영역'의 '키 캡'을 클릭합니다. 그리고 **2** 에서 확인한 '복사하기'의 단축키 'C'를 선택한 후 [넣기]를 클릭합니다.

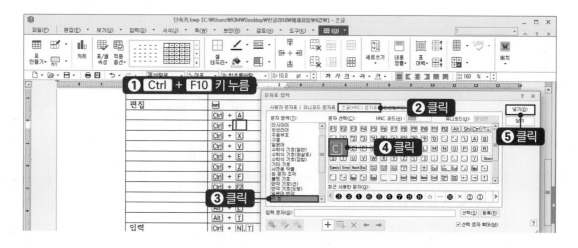

4 **2** 에서 확인한 '**Ctrl** + **V**'의 기능인 '붙이기'를 '**Ctrl** + **V**'가 입력된 오른쪽 셀에 입력합니다.

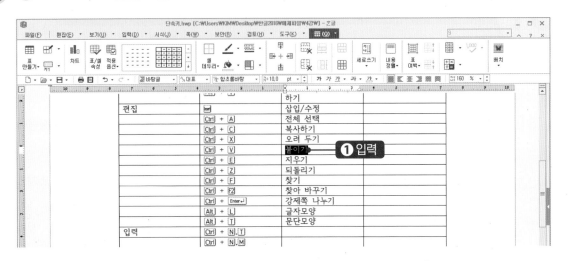

5 같은 방법으로 단축키를 실행하여 기능을 확인하고 오른쪽 빈 셀에 확인한 기능을 입력합니다.

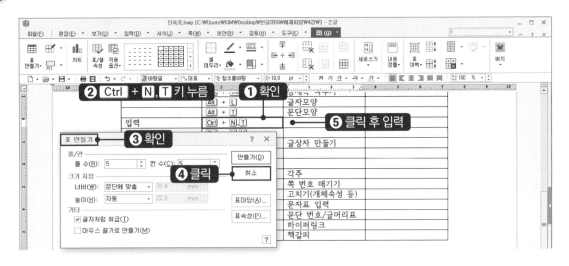

6 '중요도'가 입력된 셀의 아래셀에 커서를 위치시킨 후 'ㅁ'과 [한자] 키를 눌러 [특수 문자로 바꾸기]를 실행하고 '특수 문자 목록'에서 '★'을 선택하고 [바꾸기]를 클릭합니다.

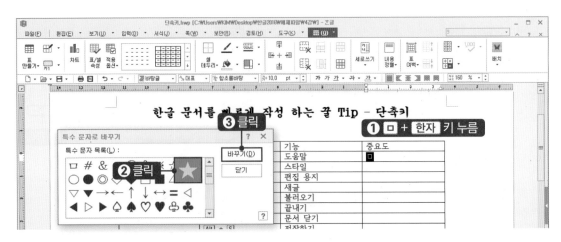

02 단축키로 표 및 셀 편집하기

단축키로 글꼴 변경 및 셀의 크기를 조절하는 등의 표를 편집합니다.

1 셀 안에 커서를 위치시킨 후 F5 키를 3번 눌러 셀을 모두 선택한 후 Alt 키와 L 키를 함께 눌러 [글자 모양]을 실행하여 '기준 크기'를 '12pt', '글꼴'을 '돋움'으로 지정한 후 [설정]을 클릭합니다. 그 다음 Alt 키와 T 키를 함께 눌러 [문단 모양]을 실행하고 '정렬 방식'을 '가운데 정렬'로 지정한 후 [설정]을 클릭합니다.

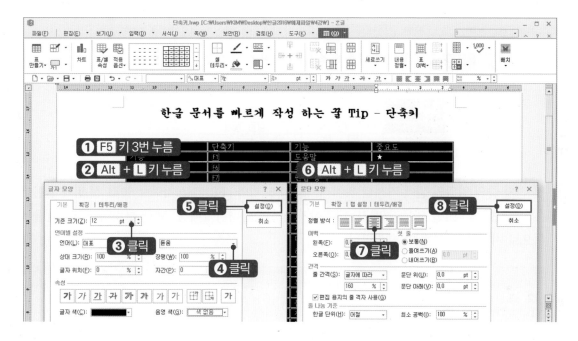

2 첫 번째 칸의 임의의 셀에 커서를 위치시킨 후 F5 키와 F7 키를 차례로 눌러 첫 번째 칸을 모두 선택한 후 Ctrl 키와 방향키(←, →)를 눌러 셀의 너비를 조절합니다. 같은 방법으로 다른 칸도 적절하게 조절합니다.

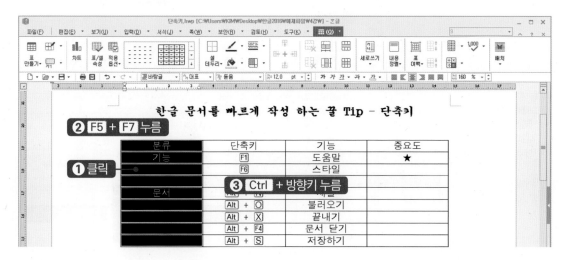

03 단축키로 표 및 셀 속성 변경하기

단축키를 사용하여 표 및 셀의 테두리 배경 등을 변경합니다.

1 아래와 같이 3개의 셀을 드래그하여 선택한 후 M 키를 눌러 셀 합치기를 합니다. 나머지 셀도 분류에 맞게 셀 합치기를 합니다.

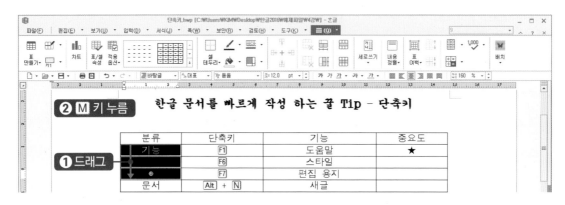

2 첫 번째 줄의 임의의 셀에 커서를 위치시키고 F5 키와 F8 키를 차례로 눌러 첫 번째 줄을 선택한 후 C 키를 눌러 [셀 테두리/배경] 대화상자를 실행합니다. [배경] 탭을 클릭하여 '면 색'을 임의의 색으로 지정하고 [설정]을 클릭합니다.

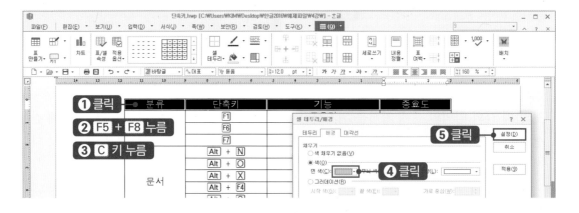

3 '★'이 입력된 셀을 포함하여 '★'을 입력할 셀을 드래그한 후 A 키를 눌러 자동 채우기를 합니다.

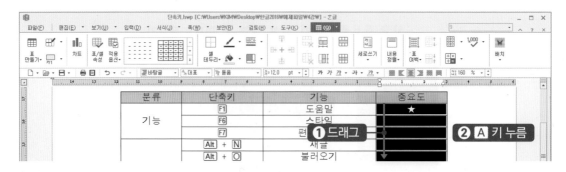

실력 쏙쏙! 창의력 쏙쏙!

1 다음과 같이 계산기를 완성해 보세요.

예제파일 계산기.hwp   완성파일 계산기(완성).hwp

① 문자표 입력
- [훈글(HNC 문자표)] 탭의 '키 캡'

2 다음과 같이 키보드를 완성해 보세요.

예제파일 키보드.hwp   완성파일 키보드(완성).hwp

① '문자표 입력
- [훈글(HNC 문자표)] 탭의 '키 캡'

도깨비 가면

오늘의 미션
- ✓ 편집 용지를 변경하고 그리기 조각 삽입하기
- ✓ 개체를 풀고 다각형 편집하기
- ✓ 그리기 조각을 묶어 하나의 개체로 만들기

얼굴을 감추거나 달리 꾸미기 위해 나무, 종이, 흙 따위로 만들어 얼굴에 쓰는 물건을 가면이라고 합니다. 가면은 가면을 쓰고 성악, 기악, 무용, 연기 따위를 결합하여 연극으로 공연되는 가면극에서 많이 사용합니다.

 작품 미리보기

예제파일 없음   완성파일 도깨비가면(완성).hwp

01 편집 용지를 변경하고 그리기마당 삽입하기

편집 용지를 가로로 설정하고 그리기마당의 그리기 조각을 삽입합니다.

① [쪽] 탭의 [가로]를 클릭하여 편집용지의 방향을 가로로 설정합니다.

TIP F7 키를 눌러 편집 용지를 변경할 수 있어요!

② [입력] 탭의 [그리기마당]을 클릭하여 [그리기마당] 대화상자가 실행되면 [그리기 조각] 탭의 '선택할 꾸러미'를 '전통(전래동화)', '개체 목록'의 '혹부리영감'을 클릭하고 [넣기]를 클릭합니다. 편집 용지에 클릭, 드래그하여 그리기 조각을 추가합니다.

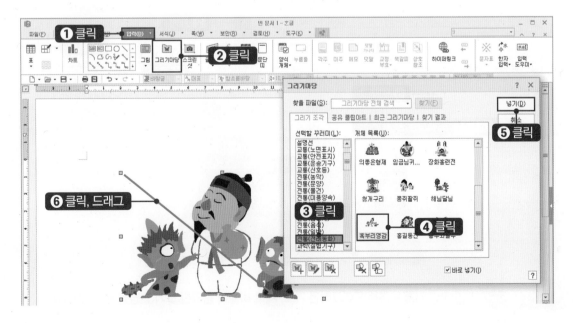

02 개체를 풀고 다각형 편집하기

그리기 조각을 풀어 도깨비 얼굴만 남기고 삭제한 후 도깨비 얼굴을 편집합니다.

1 삽입된 그리기 조각을 클릭하여 선택하고 마우스 오른쪽 버튼을 클릭하여 바로가기 메뉴의 **[개체 풀기]**를 2번 실행하여 조각을 나누고 도깨비 얼굴을 제외한 나머지 조각은 Delete 키를 눌러 삭제합니다.

2 Shift 키를 누른 채 드래그하여 크기를 조절하고 ▧ 탭의 [회전]을 클릭한 다음 [개체 회전]을 클릭하고 회전 조절점을 드래그하여 회전합니다.

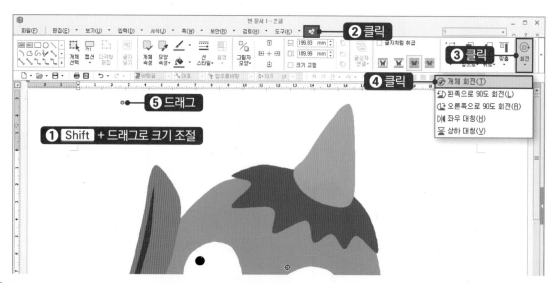

 TIP Shift 키를 누른채 드래그하면 가로, 세로 비율이 동일한 크기 변경을 할 수 있어요!

3 ❶과 같은 방법으로 [개체 풀기]를 4번 실행하고 '이빨' 조각을 `Ctrl` 키를 누른채 드래그하여 복사합니다. 그리고 ❷와 같은 방법으로 회전하여 위치시킵니다.

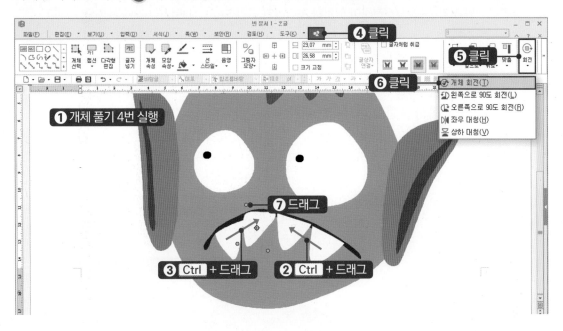

4 '이빨' 조각을 클릭하여 선택하고 마우스 오른쪽 버튼을 클릭하여 바로가기 메뉴의 [다각형 편집]을 클릭합니다. 다각형 편집점을 드래그하여 모양을 편집합니다. 그 다음 더블클릭하여 [개체 속성]을 실행하고 [채우기] 탭의 면색을 '노랑'으로 지정하고 [설정]을 클릭합니다.

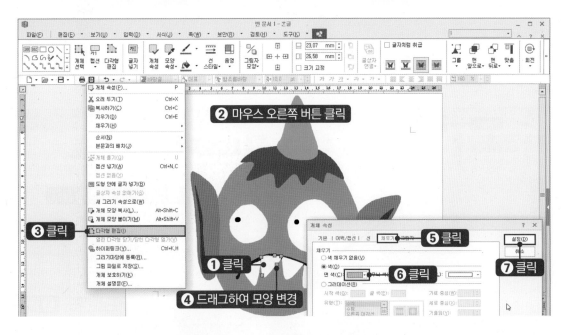

5 [입력] 탭의 [그리기마당]을 클릭하여 [그리기마당] 대화상자가 실행되면 '그리기 조각'의 '선택할 꾸러미'를 '별 및 현수막', '개체 목록'의 '포인트가 4개인 별'을 추가(선 없음, 면 색을 '흰색')하여 '반짝이는 황금 이빨'을 표현합니다.

03 그리기 조각을 묶어 하나의 개체로 만들기

뿔 조각을 복사/회전하여 배치하고 그리기 조각 모두를 선택하고 개체 묶기를 합니다.

1 '뿔' 조각을 `Ctrl` 키를 누른채 드래그하여 복사하고 색과 크기를 변경합니다. 변경된 조각을 여러개 복사하고 복사된 뿔을 회전하고 위치를 조절합니다.

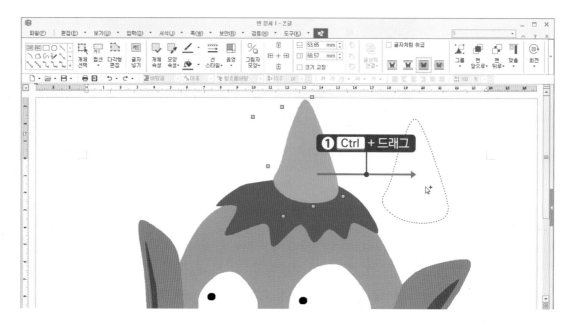

2 [편집] 탭의 [개체 선택]을 클릭하고 그리기 조각이 모두 포함되도록 드래그하여 선택한 후 마우스 오른쪽 버튼을 눌러 바로가기 메뉴의 [개체 묶기]를 클릭합니다.

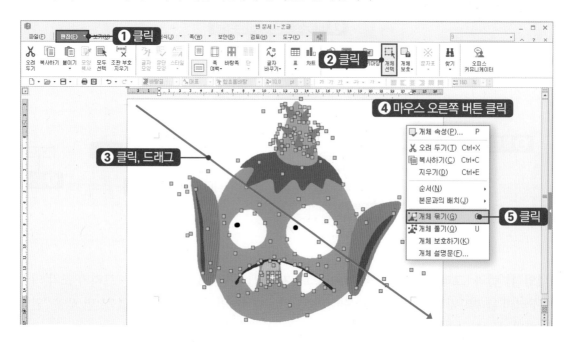

실력 쑥쑥! 창의력 쑥쑥!

1 다음과 같이 문서를 완성해 보세요.

예제파일 없음 완성파일 우는팥쥐(완성).hwp

1 그리기 조각 삽입
- 선택할 꾸러미 : '전통(전래동화)'
- 개체 : '콩쥐팥쥐'
- 콩쥐 얼굴을 팥쥐 얼굴로 바꾸기 (개체풀기/묶기)

2 다음과 같이 가면을 완성해 보세요.

예제파일 없음 완성파일 웃는얼굴가면(완성).hwp

1 그리기 조각 삽입
- 선택할 꾸러미 : '캐릭터(인물)'
- 개체 : '놀란얼굴'
- 입 모양을 다각형 편집하기(개체풀기/묶기)

골고루 먹기 포스터

오늘의 미션
- ⊘ 용지 방향과 여백 설정하고 배경에 그림 채우기
- ⊘ 다각형으로 문자 그리고 꾸미기
- ⊘ 그림 삽입하기

포스터는 벽이나 수직면에 부착하기 위해 도안된 종이 출력물을 말합니다. 일반적으로 포스터는 문자적 요소와 그래픽적인 요소를 모두 포함하지만, 순수하게 문자나 그래픽으로만 구성할 수도 있습니다.

 작품 미리보기

예제파일 배경1.jpg, 갈비.jpg, 샐러드.jpg　　**완성파일** 골고루 먹자(완성).hwp

용지 방향과 여백 설정하고 배경에 그림 채우기

출력할 포스터의 방향과 여백을 설정하고 배경으로 그림을 채웁니다.

1 한글2016을 실행한 다음 [쪽] 탭의 [편집용지]를 클릭하여 '용지 방향'을 '가로', '용지 여백'의 '위쪽', '아래쪽', '왼쪽', '위쪽'을 '5mm', '머리말', '꼬리말', '제본'을 '0mm'으로 지정하고 [설정]을 클릭합니다.

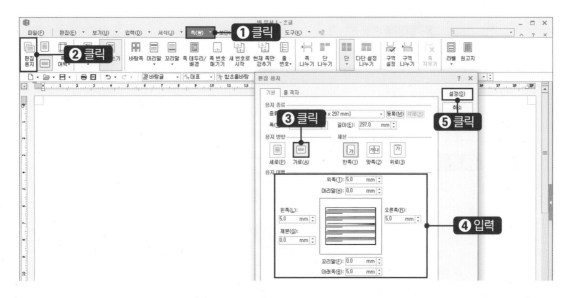

2 [쪽] 탭의 [쪽 테두리/배경]을 클릭하여 [쪽 테두리/배경] 대화 상자가 실행되면 [배경] 탭의 '그림'을 체크하여 활성화하고 '그림 선택'을 클릭하여 '배경1.jpg'를 삽입합니다. 그 다음 '채우기 유형'을 '크기에 맞추어'로 지정한 후 [설정]을 클릭합니다.

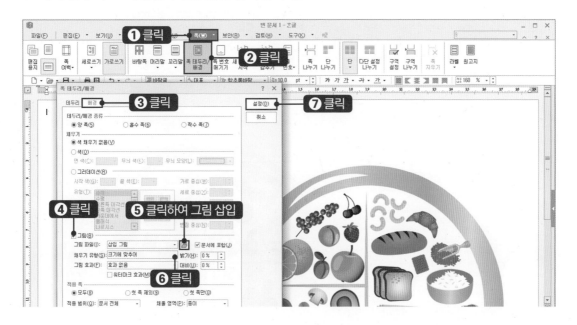

02 다각형으로 문자를 그리고 꾸미기

포스터에 삽입할 문구를 다각형으로 그려 표현합니다.

① [입력] 탭의 [다각형]을 클릭하여 문자 모양의 꼭지점이 될 위치마다 마우스를 클릭하여 문자 모양의 다각형을 그립니다.

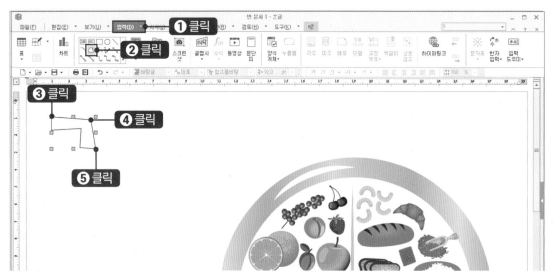

TIP 클릭을 시작한 점에 마지막 점을 클릭해야 다각형으로 완성돼요!

② 이어서 각각의 모음 다각형과 자음 다각형을 그려 삽입합니다.

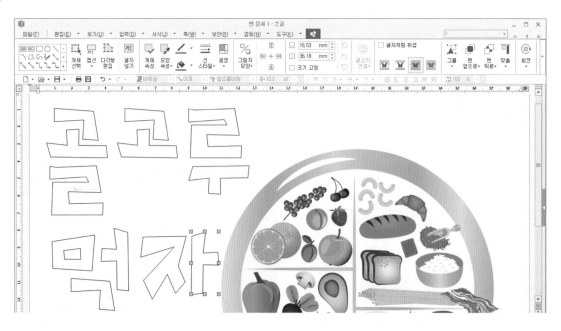

3 [Shift] 키를 누른채로 각각의 자음 다각형과 모음 다각형을 클릭하여 선택하고 마우스 오른쪽 버튼을 클릭합니다. 실행된 바로가기 메뉴에서 [개체 묶기]를 클릭합니다.

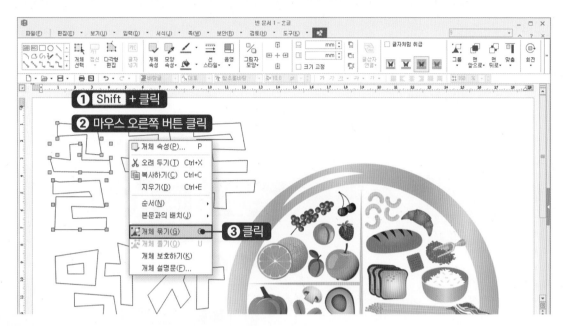

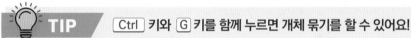

TIP [Ctrl] 키와 [G] 키를 함께 누르면 개체 묶기를 할 수 있어요!

4 개체 묶기를 한 문자 다각형을 더블클릭하여 [개체 속성]을 실행하고 [채우기] 탭에서 '면 색'을 임의의 색, [선] 탭에서 '색'을 임의의 색, '굵기'를 '0.5mm'로 변경한 후 [설정]을 클릭합니다.

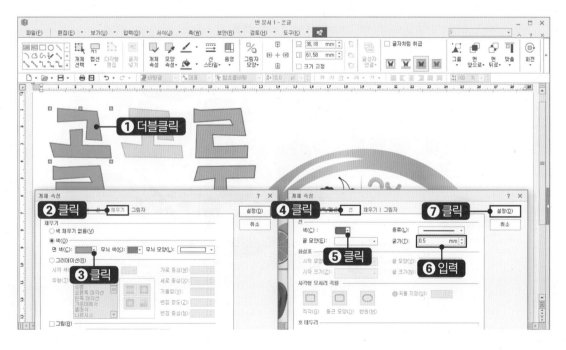

03 그림 삽입하기

추가로 포스터의 여백에 그림을 삽입합니다.

1 [입력] 탭의 [그림]을 클릭하고 '갈비.jpg'를 선택하고 [넣기]를 클릭합니다.

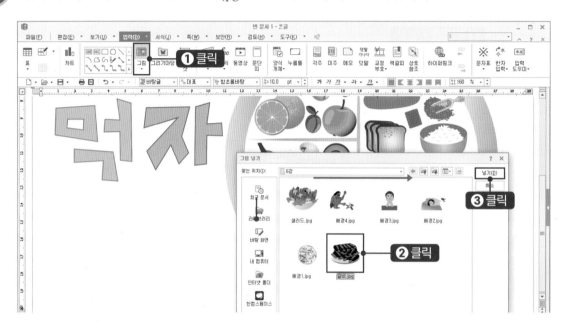

2 **1** 과 같은 방법으로 아래와 같이 '샐러드.jpg'를 삽입하여 포스터를 완성합니다.

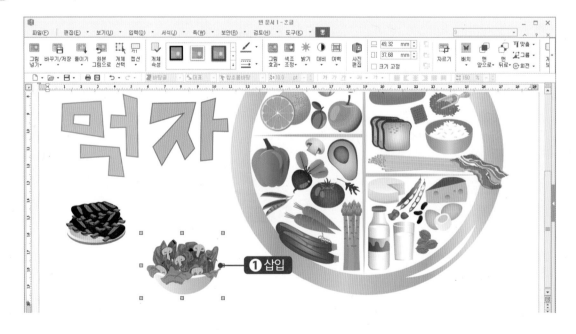

실력 쑥쑥! 창의력 쑥쑥!

1 다음과 같이 포스터를 완성해 보세요.

예제파일 배경2.jpg 완성파일 감기조심(완성).hwp

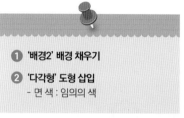

① '배경2' 배경 채우기
② '다각형' 도형 삽입
  - 면 색 : 임의의 색

2 다음과 같이 포스터를 완성해 보세요.

예제파일 배경3.jpg 완성파일 집중(완성).hwp

① '배경3' 배경 채우기
② '다각형' 도형 삽입
  - 면 색 : 임의의 색

나만의 히어로 피규어

오늘의 미션
- ✓ 표를 이용하여 전개도 만들기
- ✓ 도형을 이용하여 이음부분 만들기
- ✓ 셀에 그림 채우기

가상의 인물을 특정한 재료를 이용하여 만들어 놓은 것을 피규어라고 합니다. 일반적으로 애니메이션이나 영화, 게임, 만화 등의 등장인물들을 플라스틱, 금속, 종이 등으로 제작해 놓은 모형이 많습니다.

 작품 미리보기

예제파일 1(얼굴정면).png ~ 9(몸통정면).png   완성파일 슈퍼맨(완성).hwp

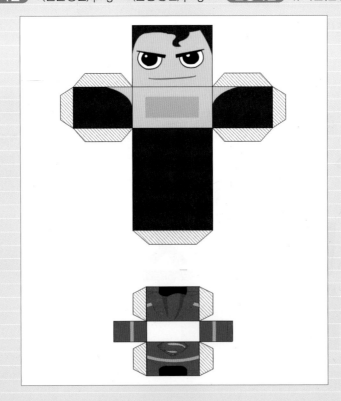

01 표를 이용하여 전개도 만들기

직육면체를 만들기 위한 전개도를 표를 삽입하고 편집하여 만듭니다.

1 한글2016을 실행한 다음 F7 키를 눌러 [편집 용지] 대화상자를 실행하고 용지 여백을 '위쪽', '아래쪽', '왼쪽', '오른쪽'은 '5mm', '머리말', '꼬리말', '제본'은 '0mm'로 지정한 후 [설정]을 클릭합니다.

2 Ctrl 키와 N, T 키를 차례로 눌러 [표 만들기] 대화상자를 실행하여 '줄 수'의 입력칸에 '4', '칸 수'의 입력칸에 '3'을 입력하고, 너비를 '임의 값', '150mm'으로 지정한 후 [만들기]를 클릭합니다.

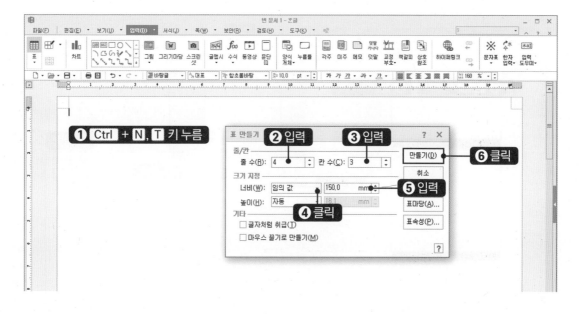

3 [Ctrl] 키를 누른채로 첫 번째 줄의 첫 번째 칸, 세 번째 칸과 세 번째 줄의 첫 번째 칸, 세 번째 칸을 클릭하고 [P] 키를 눌러 [표/셀 속성]을 실행합니다. [표/셀 속성] 대화상자의 [셀] 탭을 클릭하고 '셀 크기 적용'을 체크하여 활성화 한 후 '너비'의 입력칸에 '45mm', '높이'의 입력칸에 '45mm'를 입력한 후 [설정]을 클릭합니다.

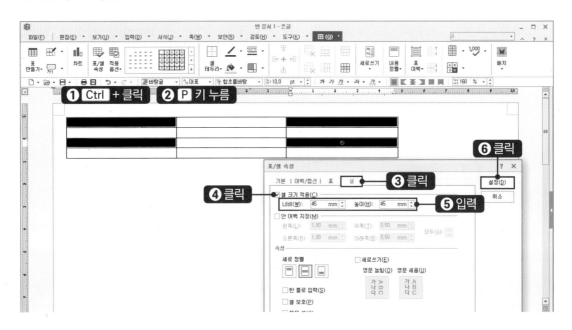

4 이어 [Ctrl] 키를 누른채로 두 번째 줄의 첫 번째 칸과 네 번째 줄의 첫 번째 칸을 선택하고 [P] 키를 눌러 [표/셀 속성]을 실행합니다. [표/셀 속성] 대화상자의 [셀] 탭을 클릭하고 '셀 크기 적용'을 체크하여 활성화 한 후 '너비'의 입력칸에 '45mm', '높이'의 입력칸에 '30mm'를 입력한 후 [설정]을 클릭합니다.

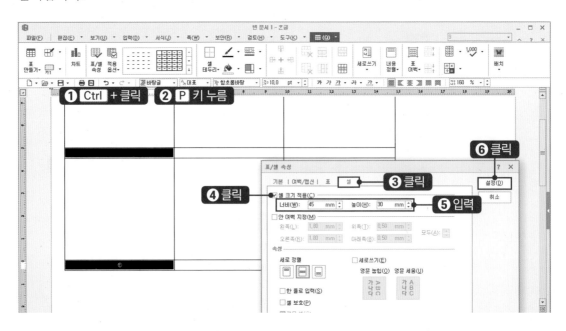

5 이어 `Ctrl` 키를 누른채로 첫 번째 줄의 두 번째 칸을 선택하고 `P`키를 눌러 [표/셀 속성]을 실행합니다. [표/셀 속성] 대화상자의 [셀] 탭을 클릭하고 '셀 크기 적용'을 체크하여 활성화 한 후 '너비'의 입력칸에 '60mm', '높이'의 입력칸에 '45mm'를 입력한 후 [설정]을 클릭합니다.

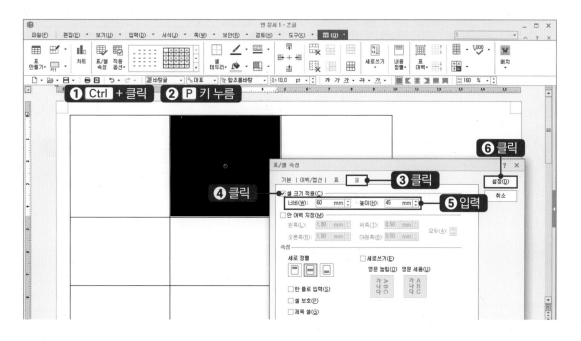

6 `Ctrl` 키를 누른채로 첫 번째 줄의 첫 번째 칸을 선택하고 `L` 키를 누릅니다. 그리고 [테두리] 탭에서 '선 없음'을 클릭하여 '왼쪽', '위쪽'을 클릭한 후 [설정]을 클릭합니다. 나머지 셀의 선 모양도 그림을 참고하여 적용합니다.

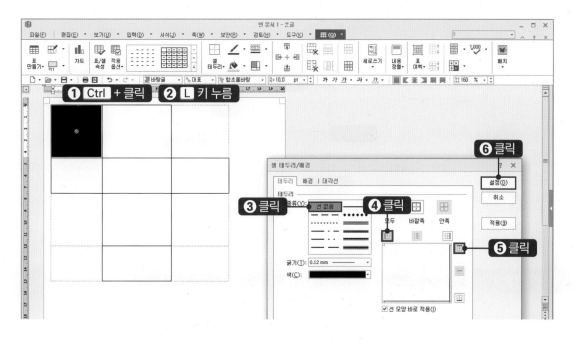

7 [입력] 탭의 [표]를 클릭하여 [표 만들기] 대화상자를 실행한 후 '줄 수'의 입력칸에 '3', '칸 수'의 입력칸에 '3', '너비'를 '임의 값', '90mm'으로 지정하여 종이의 하단에 표를 추가합니다.

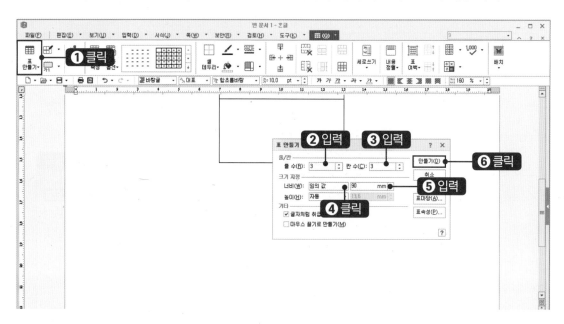

8 ① ~ ⑥ 과 같은 방법으로 아래와 같이 셀 크기 및 선 없음을 적용하여 몸통 전개도를 작성합니다.

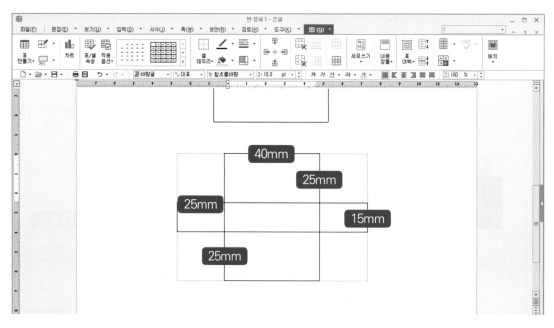

 TIP 몸통의 바닥면은 비워 피규어를 세울 때 균형을 유지하기 쉽게 해요!

02 도형을 이용하여 이음부분 만들기

직육면체로 조립할 수 있도록 이어지는 부분을 도형으로 그려 연결합니다.

1 [입력] 탭에서 [그리기마당]을 클릭하여 [그리기마당] 대화상자가 실행되면 그리기 조각의 '선택할 꾸러미'를 '기본도형', '개체 목록'의 '사다리꼴'을 선택하고 [넣기]를 클릭하여 추가합니다. 추가된 사다리꼴을 더블클릭하여 [개체 속성]을 실행하고 [기본] 탭에서 '너비'의 입력칸에 '45', '높이'의 입력칸에 '10'을 지정하고 [채우기] 탭의 무늬 모양을 '하향대각선'을 지정한 후 [설정]을 클릭합니다.

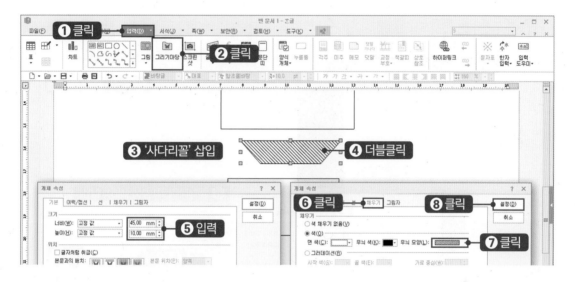

2 '사다리꼴' 도형을 Ctrl 키를 드래그하여 복사하고, 크기 변경 및 회전하여 아래의 그림과 같이 배치합니다.

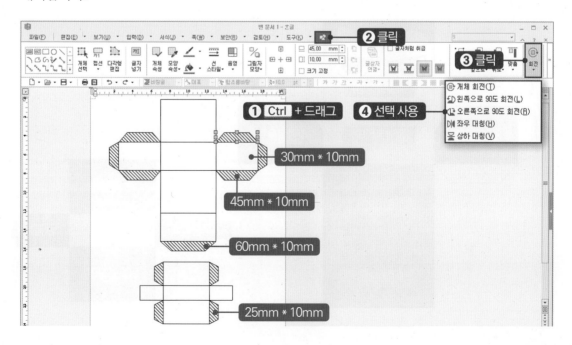

03 셀에 그림 채우기

각각의 셀에 해당 그림을 채웁니다.

1 [Ctrl] 키를 누른채로 첫 번째 줄의 두 번째 칸을 선택하고 [C] 키를 눌러 [셀 테두리/배경]을 실행한 다음 '그림'을 체크하여 활성화하고 '그림 선택'을 클릭하여 '1(얼굴정면).png'을 삽입합니다. 그 다음 '채우기 유형'을 '크기에 맞추어'로 지정한 후 [설정]을 클릭합니다.

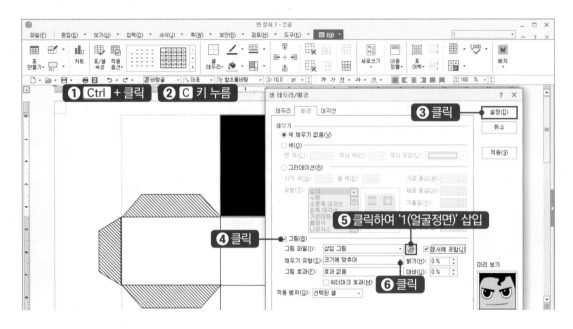

2 **1** 과 같은 방법으로 아래 그림을 참고하여 나머지 셀에 그림을 채웁니다.

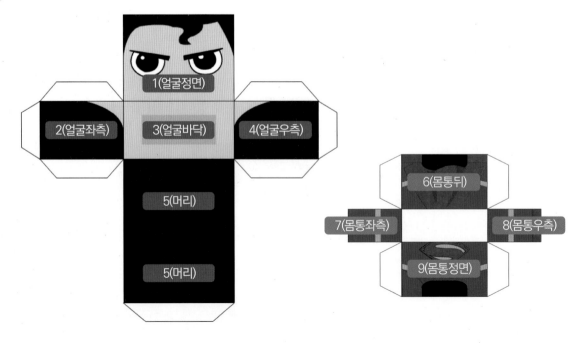

실력 쑥쑥! 창의력 쑥쑥!

1 다음과 같이 주사위 전개도를 완성해 보세요.

예제파일 1.png~6.png   완성파일 주사위(완성).hwp

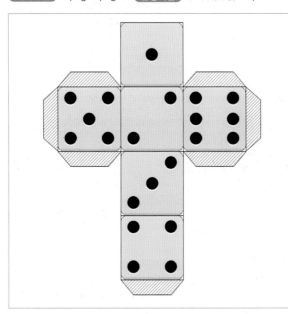

① '표' 삽입
- 줄 수 : '4', 칸 수 '3'
- 너비 : 임의값 '90mm',
  높이 : 임의값 '120mm'
- 선 종류 : '실선', '선없음'

② '1~6' 그림 채우기

③ '사다리꼴' 도형 삽입
- 너비 : '30mm', 높이 : '7mm'
- 무늬 채우기 : '상향 대각선'

2 다음과 같이 피라미드 전개도를 완성해 보세요.

예제파일 피라미드.jpg   완성파일 피라미드(완성).hwp

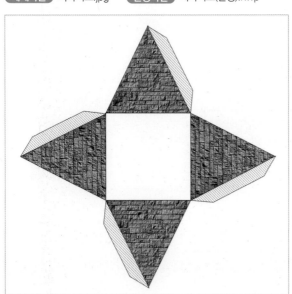

① '직사각형' 삽입
- 너비 : '50mm', 높이 '50mm'

② '이등변 삼각형' 삽입
- 너비 : '50mm', 높이 '50mm'
- 채우기 : '피라미드' 그림 채우기

③ '사다리꼴' 도형 삽입
- 너비 : 임의의 크기
- 무늬 채우기 : '하향 대각선'

CHAPTER 08

가로 세로 낱말 퍼즐

오늘의 미션
- ✓ 표를 추가하고 셀 속성 변경하기
- ✓ 가로세로낱말퍼즐 풀어보기
- ✓ 사전을 이용하여 낱말의 의미 작성하기

퍼즐이란 시행착오를 거쳐가며 출제자의 문제를 풀어가는 놀이로 직소 퍼즐, 실물을 갖고 푸는 퍼즐, 십자말풀이처럼 특정 언어에 대한 지식이 요구되는 퍼즐, 규칙이 간단하고 숫자와 선, 색칠만을 사용하는 로직 퍼즐이 있습니다.

 작품 미리보기

예제파일 없음   완성파일 가로세로낱말퀴즈(완성).hwp

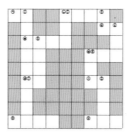

가로세로낱말퍼즐

㉠ ㉢ ㉣ 가로 문제
㉠ 원자재나 반제품에 손을 더 대어 새로운 제품을 만드는 일.
㉡ 몹시 수다스러운 사람을 얕잡아 일컫는 말.
㉢ 집의 앞뒤나 어떤 곳에 닦아 놓은 평평한 땅.
㉣ 원자핵이 연쇄 반응을 일으킬 때 순간적으로 방출하는 대량의 에너지를 이용한 폭탄.
㉤ 살갗에 날알만 하게 돋은 군살.
㉥ 사물의 한가운데가 되는 곳.
㉦ 아버지와 아들.
㉧ 모든 방향이나 방면. 사각팔방.
㉨ 야구나 축구 따위에서, 수비를 기본적인 임무로 하는 선수.

① ② ③ 세로 문제
① 국가 또는 지방 자치 단체의 사무를 맡아보는 사람.
② 근접 전투에서 사용하는 소형 폭탄.
③ 얼굴의 눈썹 위로부터 머리털이 난 아래까지의 부분.
④ 말과의 짐승. 말과 비슷하나 작고 앞머리의 긴 털이 없음.
⑤ 자기가 한 일에 대해 자기 스스로 미흡(未洽)하게 여기는 마음.
⑥ 문무(文武) 양반의 일반적인 총칭.
⑦ 뭇사람의 말을 이루 다 막기가 어렵다는 뜻으로, 막기 어려울 정도로 여러 사람이 마구 지껄임을 이르는 말.
⑧ 다라울 정도로 인색한 사람.

표를 추가하고 셀 속성 변경하기

가로세로낱말퍼즐 표를 만들고 속성을 변경하여 예쁘게 꾸밉니다.

1 한글2016을 실행한 후 '가로세로낱말퍼즐'을 입력하고 입력한 글자의 '글자 크기'를 '20pt'로 변경합니다. 입력한 텍스트 아래 줄에 커서를 위치시킨 후 Ctrl 키와 N, T 키를 차례로 눌러 [표 만들기]를 실행하고 '줄 수'의 입력칸에 '9', '칸 수'의 입력칸에 '9'를 입력한 후 [만들기]를 클릭합니다.

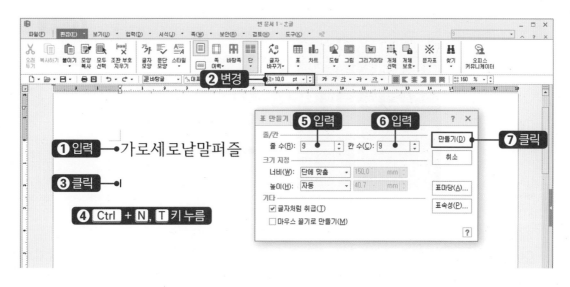

2 셀 안에 커서를 위치시킨 후 F5 키를 3번 눌러 셀을 모두 선택하고 P 키를 눌러 [표/셀 속성]을 실행합니다. [표/셀 속성] 대화상자가 실행되면 [셀] 탭의 '셀 크기 적용'을 체크하여 활성화 한 후 '너비'의 입력칸에 '8mm', '높이'의 입력칸에 '8mm', '세로 정렬'을 지정하고 [설정]을 클릭합니다.

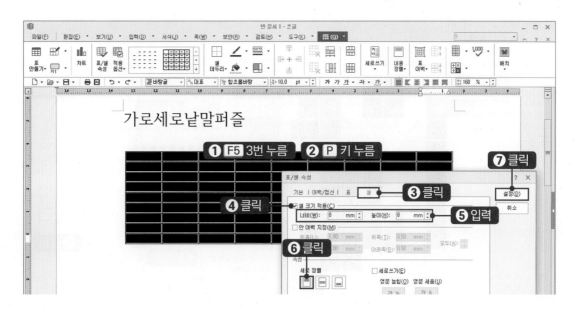

③ 셀이 모두 선택되어 있는 상태에서 '글자 크기'를 '7pt'로 변경한 후 ㄴ 키를 눌러 [셀 테두리/배경]을 실행하고 '종류'를 '점선'으로 지정한 후 '모두'를 클릭하고 [설정]을 클릭합니다.

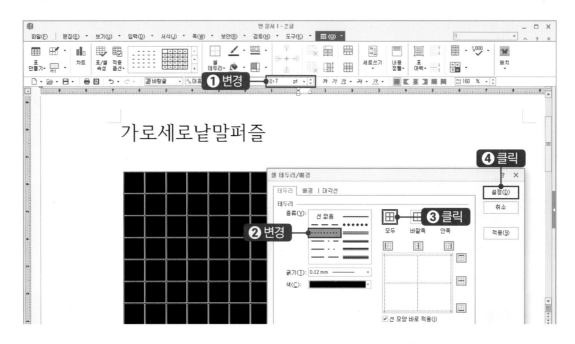

④ Ctrl 키와 F10 키를 눌러 [문자표 입력]을 실행하고 [한글(HNC) 문자표] 탭의 '전각기호(원)'을 선택하여 그림과 같이 해당 문자를 선택하고 [넣기]를 클릭하여 특수 문자를 입력합니다. 그 다음 Ctrl 키를 누른채로 각각의 셀을 클릭하여 선택한 후 C 키를 눌러 [셀 테두리/배경]을 실행하고 [배경] 탭의 '면 색'을 클릭하여 임의의 색을 지정하고 [설정]을 클릭합니다.

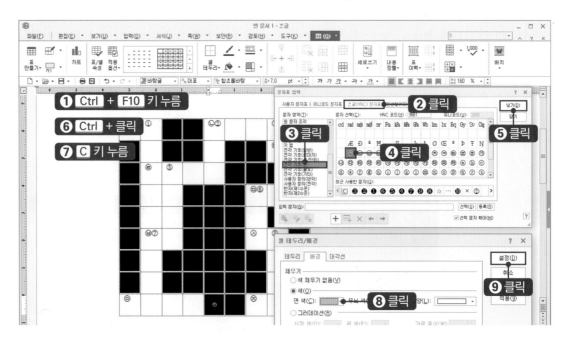

02 가로세로낱말퍼즐 풀어보기

낱말의 정의를 보고 낱말을 유추하여 가로세로낱말퍼즐을 풀어 봅니다.

1 낱말의 사전적 의미를 보고 무슨 낱말인지 유추하여 퍼즐을 풀어 보세요.

㉠ ㉡ ㉢ 가로 문제

㉠ 원자재나 반제품에 손을 더 대어 새로운 제품을 만드는 일.
㉡ 몹시 수다스러운 사람을 얕잡아 일컫는 말.
㉢ 집의 앞뒤나 어떤 곳에 닦아 놓은 평평한 땅.
㉣ 원자핵이 연쇄 반응을 일으킬 때 순간적으로 방출하는 대량의 에너지를 이용한 폭탄
㉤ 살갗에 낱알만 하게 돋은 군살.
㉥ 사물의 한가운데가 되는 곳.
㉦ 아버지와 아들.
㉧ 모든 방향이나 방면. 사각팔방.
㉨ 야구나 축구 따위에서, 수비를 기본적인 임무로 하는 선수.

① ② ③ 세로 문제

① 국가 또는 지방 자치 단체의 사무를 맡아보는 사람.
② 근접 전투에서 사용하는 소형 폭탄
③ 얼굴의 눈썹 위로부터 머리털이 난 아래까지의 부분.
④ 말과의 짐승. 말과 비슷하나 작고 앞머리의 긴 털이 없음.
⑤ 자기가 한 일에 대해 자기 스스로 미흡(未洽)하게 여기는 마음.
⑥ 문무(文武) 양반의 일반적인 총칭.
⑦ 뭇사람의 말을 이루 다 막기가 어렵다는 뜻으로, 막기 어려울 정도로 여러 사람이 마구 지껄임을 이르는 말.
⑧ 다라울 정도로 인색한 사람.

03 사전을 이용하여 낱말의 의미 작성하기

사전을 이용하여 낱말의 의미를 표 아래에 작성하여 가로세로낱말퍼즐을 완성합니다.

1 표 아래에 'ㄱ ㄴ ㄷ 가로 문제'와 'ㄱ'을 입력한 후 F12 키를 눌러 [한컴 사전]을 실행합니다. 그리고 난 후 '가공'을 입력하여 [찾기]를 클릭합니다. 낱말의 의미를 드래그한 후 마우스 오른쪽 버튼을 클릭하여 바로가기 메뉴를 실행한 후 [복사하기]를 클릭합니다.

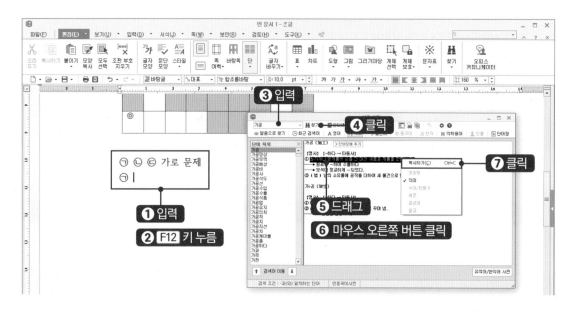

2 'ㄱ' 옆에 커서를 위치시킨 후 마우스 오른쪽 버튼을 클릭하여 바로가기 메뉴를 실행하고 [붙이기]를 클릭합니다.

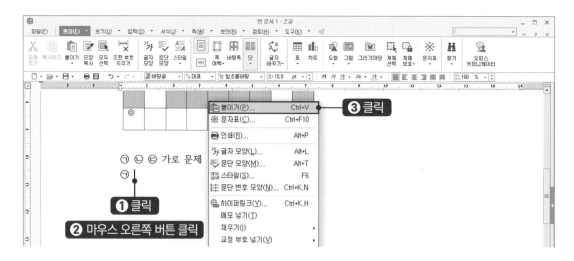

3 **1** ~ **2** 의 과정을 반복하여 문제를 완성합니다.

실력 쑥쑥! 창의력 쑥쑥!

1 다음과 같이 스도쿠 게임을 완성해 보세요.

예제파일 없음　완성파일 스도쿠(완성).hwp

			3		9			5
		7	2	6	5	9		
		9	5				3	6
9	3		1		4		5	7
		4		3			8	
5	2		7		8		3	1
		5	9				1	4
		2	9	5	3	8		
8				6		1		2

1 '표' 삽입
- 줄 수 : '9', 칸 수 '9'
- 너비 : 임의값 '90mm', 높이 : 임의값 '90mm'
- 선 종류 : '실선', '점선'
- 선 굵기 : 0.12mm, 0.4mm
- 'HY헤드라인M', '20pt'

2 다음과 같이 순 우리말 뜻을 사전을 이용해 완성해 보세요.

예제파일 없음　완성파일 우리말(완성).hwp

순 우리말 뜻 알기

	우리말	뜻
1	달보드레	조금 달큼.
2	시나브로	모르는 사이에 조금씩.
3	너나들이	서로 너니 나니 하고 부르며 터놓고 지내는 사이.
4	아름드리	한 아름이 넘는 큰 나무나 물건.
5	미리내	은하수.
6	따따부따	딱딱한 말씨로 따지고 다투는 모양.
7	또바기	언제나 한결같이 꼭 그렇게.
8	달무리	달 언저리에 둥글게 둘린 구름 같은 테.

1 텍스트 입력
- '양재참숯체B', '20pt'

2 '표' 삽입
- 줄 수 : '9', 칸 수 '3'
- 너비 : 임의값, 높이 : 임의값
- 채우기 : 임의의 색
- '함초롬바탕', '10pt'

CHAPTER 09

새로운 모양의 선물 상자

오늘의 미션
- ⊘ 도형을 추가하고 크기 정하기
- ⊘ 도형을 복사하여 선물 상자 전개도 모양으로 배치하기
- ⊘ 도형을 그림 및 무늬로 채우기

 선물을 감싸는 행위를 포장한다고 합니다. 포장은 포장지로 감싸는데 최근에는 선물 상자를 이용하여 포장하고 마음을 전하기도 합니다.

 작품 미리보기

예제파일 컵케이크.jpg   완성파일 선물상자(완성).hwp

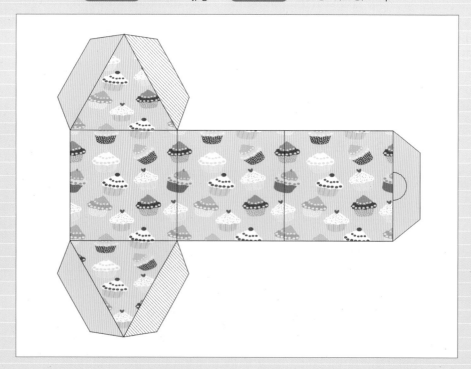

01 도형을 추가하고 크기 정하기

지정된 크기의 도형을 추가합니다.

1 한글2016을 실행한 후 F7 키를 눌러 [편집 용지] 대화상자가 실행되면 '용지 방향'을 '가로'로 지정합니다.

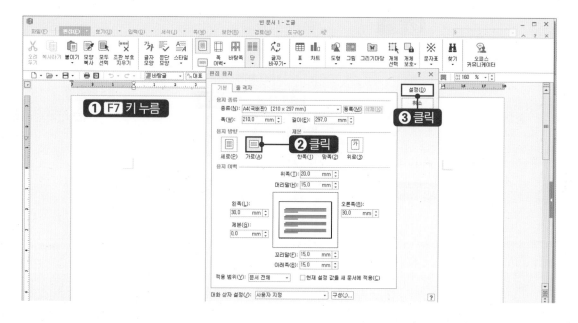

2 [입력] 탭의 '직사각형'을 클릭하고 추가합니다. 추가된 직사각형을 더블클릭하여 [개체 속성]을 실행하고 [기본] 탭에서 '너비'의 입력칸에 '60mm', '높이'의 입력칸에 '60mm'를 입력하고 [설정]을 클릭합니다.

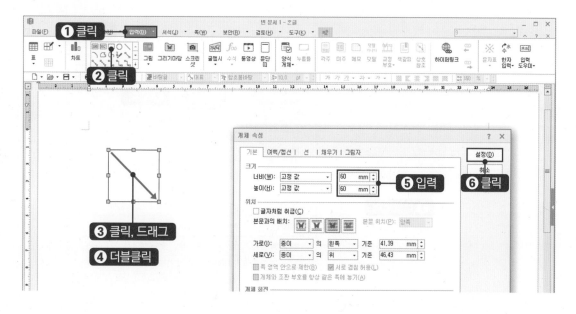

3 [입력] 탭의 [그리기마당]을 클릭하여 실행하고 [그리기 조각] 탭의 '선택할 꾸러미'를 '기본도형'을 클릭하고 '개체 목록'에서 '이등변 삼각형'을 클릭한 후 [넣기]를 클릭하여 추가합니다.

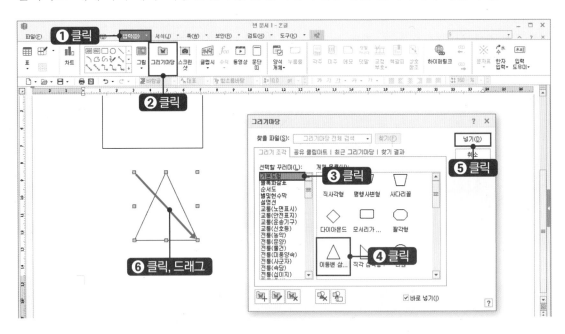

4 추가한 이등변 삼각형을 더블클릭하여 [개체 속성]을 실행하고 [기본] 탭에서 '너비'의 입력칸에 '60mm', '높이'의 입력칸에 '52mm'를 입력하고 [설정]을 클릭합니다.

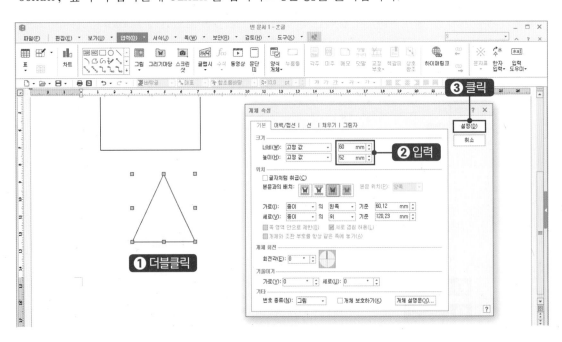

5 [입력] 탭의 [그리기마당]을 클릭하여 실행하고 [그리기 조각] 탭의 '선택할 꾸러미'를 '기본도형'을 클릭하고 '개체 목록'에서 '사다리꼴'을 클릭한 후 [넣기]를 클릭하여 추가합니다. 추가한 사다리꼴을 더블클릭하여 [개체 속성]을 실행하고 [기본] 탭에서 '너비'의 입력칸에 '60mm', '높이'의 입력칸에 '15mm'를 입력하고 [설정]을 클릭합니다.

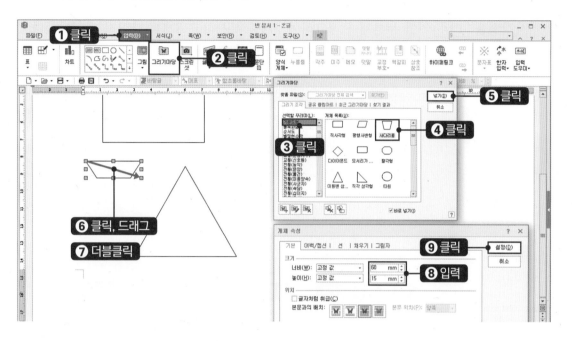

6 [입력] 탭의 '타원'을 클릭하고 추가합니다. 추가된 타원을 더블클릭하여 [개체 속성]을 실행하고 [기본] 탭에서 '너비'의 입력칸에 '15mm', '높이'의 입력칸에 '15mm'를 입력하고 [설정]을 클릭합니다.

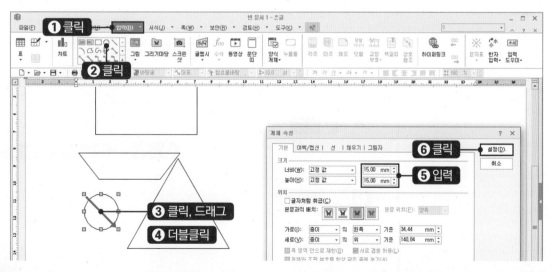

TIP '직사각형', '타원'을 삽입할 때 Shift 키를 누른채 드래그하여 삽입하면 '정사각형', '정원'으로 삽입돼요!

02 도형을 복사하여 선물 상자 전개도 모양으로 배치하기

추가한 도형을 복사하여 선물 상자의 전개도 모양으로 배치합니다.

1 직사각형을 Ctrl 키를 누른채 드래그하여 2개를 복사하고 3개를 나란히 배치합니다. 그리고 타원을 그림과 같이 세 번째 직사각형과 겹쳐 배치합니다.

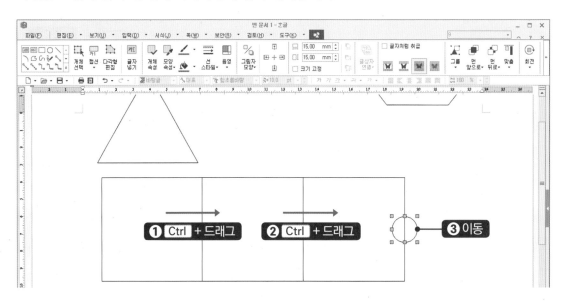

2 이등변 삼각형을 첫 번째 직사각형과 윗선을 맞춰 배치합니다. 그 다음 Ctrl 키를 누른채 드래그하여 복사하고, 복사된 이등변 삼각형을 첫 번째 직사각형의 아래선에 맞춰 배치한 다음 탭을 클릭하고 [회전]의 [상하 대칭]을 클릭하여 회전합니다.

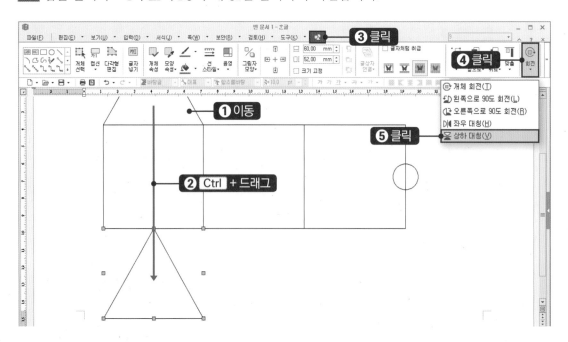

3 사다리꼴을 `Ctrl` 키를 누른채 드래그하여 복사하여 4개를 더 추가합니다. 그 중 하나의 사다리꼴을 선택한 후 탭을 클릭하여 [회전]의 [왼쪽으로 90도 회전]을 클릭하여 회전하고 세 번째 직사각형의 오른쪽선에 맞춰 배치합니다.

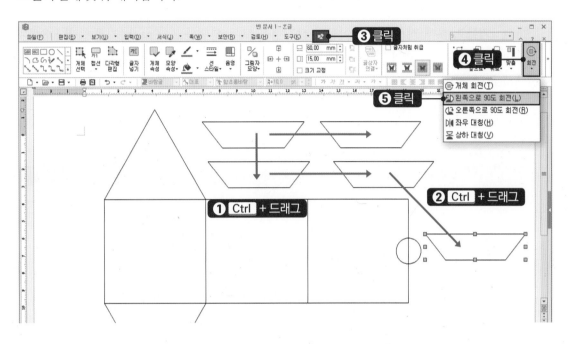

4 또 다른 사다리꼴 도형을 더블클릭하여 [개체 속성]의 [기본] 탭에서 '회전각'을 '240°'을 입력하고 [설정]을 클릭합니다. 첫 번째 이등변 삼각형의 오른쪽 선에 맞추어 배치합니다. 그 다음 같은 방법으로 사다리꼴을 회전하여 그림과 같이 배치합니다.

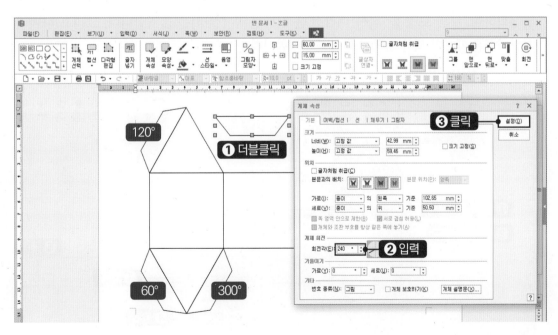

03 도형을 그림 및 무늬로 채우기

정사각형과 이등변 삼각형 도형은 선물 상자의 무늬로 지정할 그림으로 채우고, 사다리꼴
도형은 빗금 무늬로 채웁니다.

1 [Shift] 키를 누른채 직사각형과 이등변 삼각형을 모두 선택하고 [Enter] 키를 눌러 [개체 속성]을
실행합니다. [채우기] 탭의 '그림'을 체크하여 활성화한 후 '그림 선택'을 클릭하고 '컵케이크.jpg'를
선택하고 [설정]을 클릭합니다.

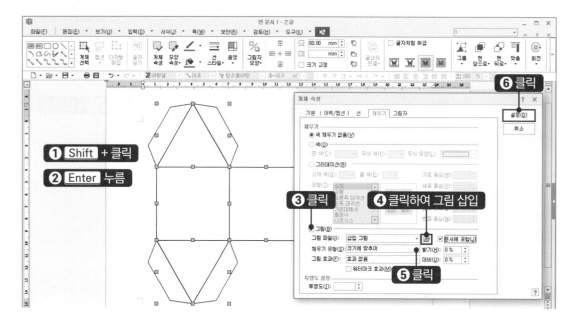

2 2개의 사다리꼴 도형을 선택하고 [Enter] 키를 눌러 [개체 속성]을 실행하고 [채우기] 탭의 '색'을
활성화하여 '무늬 모양'을 '하향 대각선'을 선택한 후 [설정]을 클릭합니다. 그리고 나머지 3개의
사다리꼴은 채우기 색을 임의의 색으로 지정합니다.

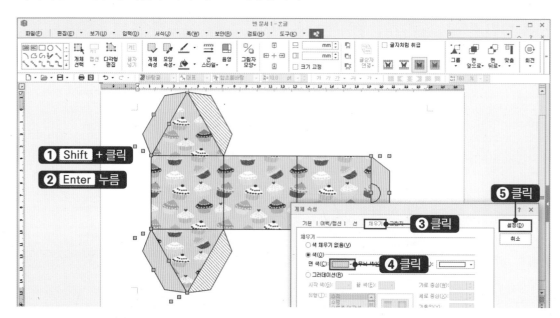

실력 쑥쑥! 창의력 쑥쑥!

1 다음과 같이 별상자를 완성해 보세요.

예제파일 별.jpg　완성파일 별상자(완성).hwp

1 그리기 조각 삽입
- 선택할 꾸러미 : '기본도형'
- 개체 : '오각형'
- 너비 : 임의값, 높이 : 임의값
- 채우기 : '별' 그림

2 그리기 조각 삽입
- 선택할 꾸러미 : '기본도형'
- 개체 : '사다리꼴'
- 너비 : 임의값, 높이 : 임의값

3 '직선 연결선' 삽입
- 선 종류 : '점선', '긴 파선'

 TIP [Shift] 키를 누른채 드래그하면 정오각형을 삽입할 수 있어요.

2 문서를 출력해 별상자를 완성해 보세요.

감사장

오늘의 미션
- ☑ 쪽 배경으로 상장 테두리 만들고 감사의 글 입력하기
- ☑ 입력한 텍스트 꾸미기
- ☑ 글상자로 도장 만들기

 상을 주는 뜻을 표하여 주는 증서를 상장이라고 합니다. 상장의 종류에는 학업 성적이 아주 좋은 학생에게 주는 우등상, 빠짐없이 출석한 학생에게 주는 개근상, 공로를 세운 사람에게 주는 공로상, 감사의 마음을 표현하는 감사장 등이 있습니다.

 작품 미리보기

예제파일 테두리1.jpg　　완성파일 감사장(완성).hwp

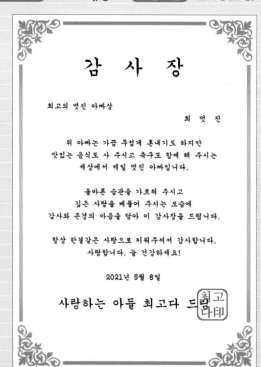

01 쪽 배경으로 상장 테두리 만들고 감사의 글 입력하기

쪽 배경으로 그림을 추가하여 상장 테두리를 만들고 감사의 마음을 표현하는 글을 입력합니다.

1 한글2016을 실행한 후 [쪽] 탭의 [쪽 테두리/배경]을 클릭합니다. [쪽 테두리/배경] 대화 상자의 [배경] 탭을 선택하고 '채우기'의 '그림'을 체크하여 활성화합니다. '그림 선택'을 클릭하여 '테두리1.jpg'를 열고 [설정]을 클릭합니다.

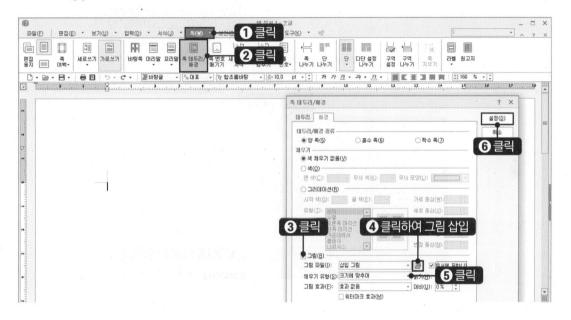

2 감사의 마음을 표현하는 글을 입력하여 감사장의 문구를 완성합니다.

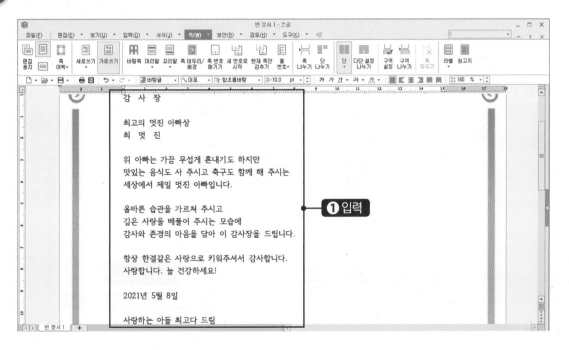

02 입력한 텍스트 꾸미기

입력한 텍스트를 글자 모양 등을 변경하여 예쁘게 꾸밉니다.

1 입력한 텍스트를 드래그하여 '글꼴'을 'HY궁서', '글자 크기'를 '18pt'로 지정하고 Ctrl + Shift + C 키를 눌러 가운데 정렬을 합니다.

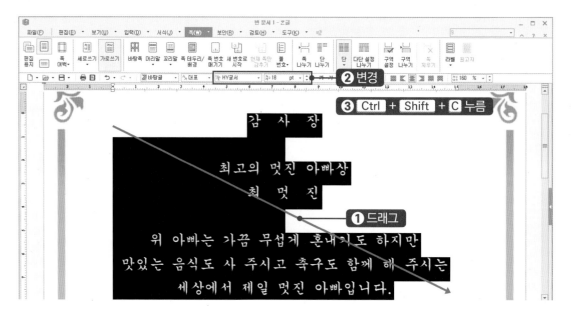

2 '감 사 장'을 드래그 한 후 '글자 크기'를 '50pt'로, '사랑하는 아들 최고다 드림'을 드래그 한 후 '글자 크기'를 '30pt'로 변경합니다. 그 다음 '최고의 멋진 아빠상'을 드래그하고 Ctrl + Shift + L 키를 눌러 왼쪽 정렬을, '최 멋 진'을 드래그하고 Ctrl + Shift + R 키를 눌러 오른쪽 정렬을 합니다.

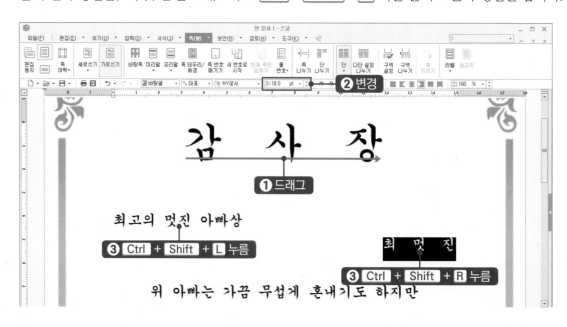

03 글상자로 도장 만들기

글상자로 도장을 만들어 감사장에 찍습니다.

① [입력] 탭의 '가로 글상자'를 클릭하여 글상자를 추가합니다.

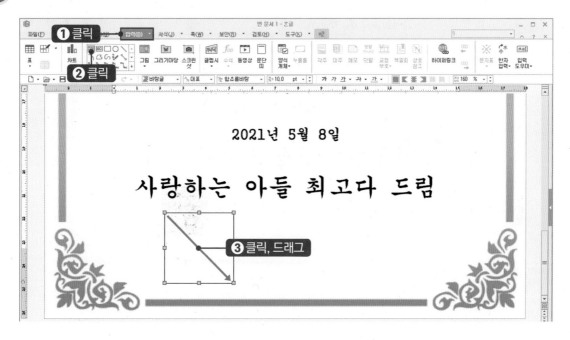

② 가로 글상자를 더블클릭하여 개체 속성을 실행하고 [기본] 탭에서 '너비'와 '높이'를 입력하고 [선] 탭에서 '색', '굵기'를 정하고 '사각형 모서리 곡률'을 '둥근 모양'으로 변경한 후 [설정]을 클릭합니다.

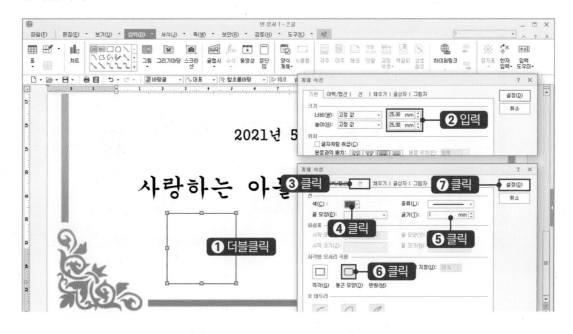

3 글상자에 '최고/다인'을 입력한 후 '글꼴'을 'HY견명조', '글자 크기'를 '30pt', '글자색'을 '빨강', '줄간격'을 '120%', '가운데 정렬'로 지정합니다.

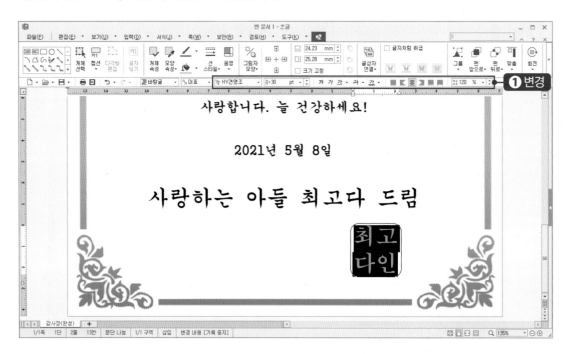

4 '인'을 드래그한 후 [한자] 키를 눌러 '印'으로 변경하고 도형을 적절한 위치에 배치합니다.

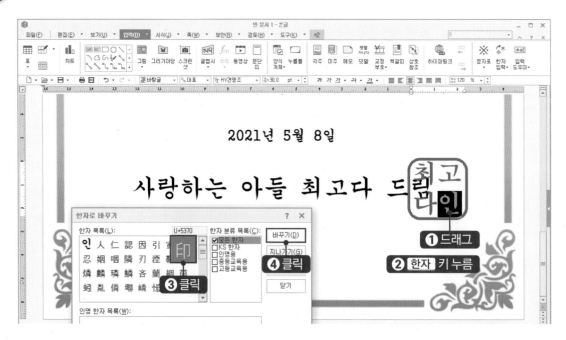

실력 쑥쑥! 창의력 쑥쑥!

1 다음과 같이 상장을 완성해 보세요.

예제파일 테두리2.jpg 　　완성파일 최고의친구상(완성).hwp

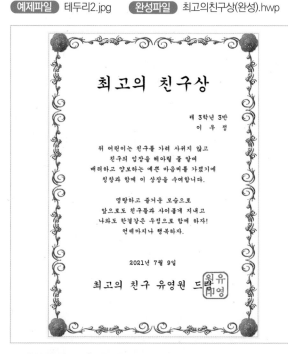

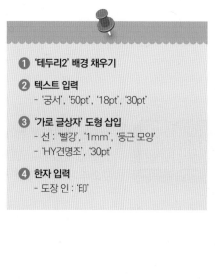

1 '테두리2' 배경 채우기

2 텍스트 입력
- '궁서', '50pt', '18pt', '30pt'

3 '가로 글상자' 도형 삽입
- 선 : '빨강', '1mm', '둥근 모양'
- 'HY견명조', '30pt'

4 한자 입력
- 도장 인 : '印'

 **창의력 쑥쑥**　　문구를 변경해 상장을 만들어 보세요.

2 문서를 출력해 상장을 전해 보세요.

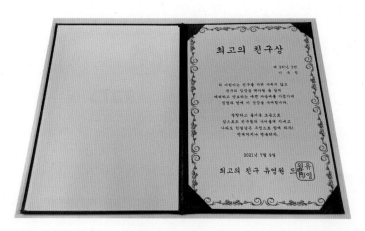

CHAPTER 11

올록볼록 점자책

오늘의 미션
- ✔ 원고지 설정하고 글 입력하기
- ✔ 점자로 변환하기
- ✔ 그림 삽입하기
- ✔ 바탕쪽 제거하고 배경 삽입하기

점자는 볼록하게 튀어나온 특수한 부호 글자로, 시각 장애인이 손가락으로 더듬어 읽도록 만든 문자입니다. 엘리베이터의 숫자, 안내 표지판 등에 표시되어 시각 장애인의 안내를 도와주거나 이야기를 읽을 수 있도록 점자책 등으로 만들어 사용하고 있습니다.

 작품 미리보기

예제파일 배경.png, 콩.png   완성파일 점자책(완성).hwp

01 원고지 설정하고 글 입력하기

원고지를 설정하고 글을 입력합니다.

1 한글2016을 실행한 후 [쪽] 탭의 [원고지]을 클릭합니다. [원고지] 대화 상자의 '원고지 목록'에서
'400자 원고지 1-빨강'을 선택하고 [열기]를 클릭합니다.

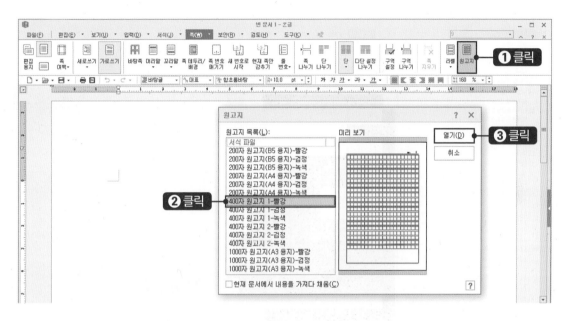

2 점자로 변경할 글을 입력합니다.

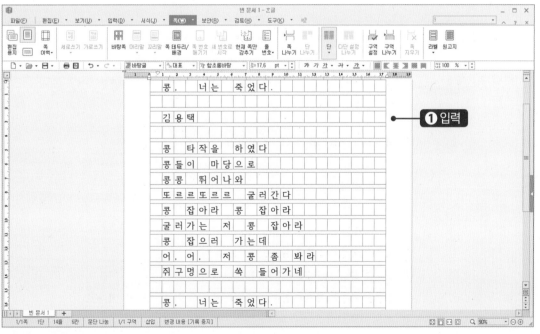

〈출처〉 김용택(2003), 『콩, 너는 죽었다』 실천문학사.

02 점자로 변환하기

입력한 글을 점자로 변환합니다.

1 입력한 글을 모두 드래그하여 선택한 후 **[파일]** 탭을 클릭하고 **[점자로 바꾸기]**의 **[선택 글자 점자로 바꾸기]**를 클릭합니다.

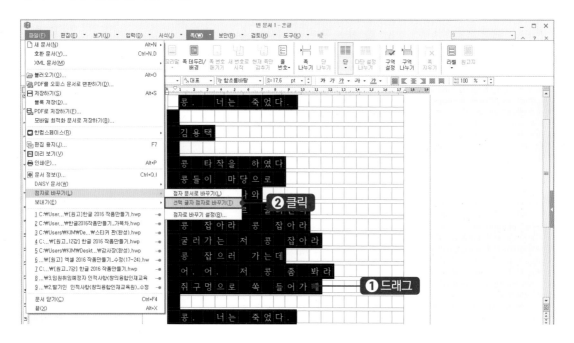

2 점자로 변환된 글을 확인합니다.

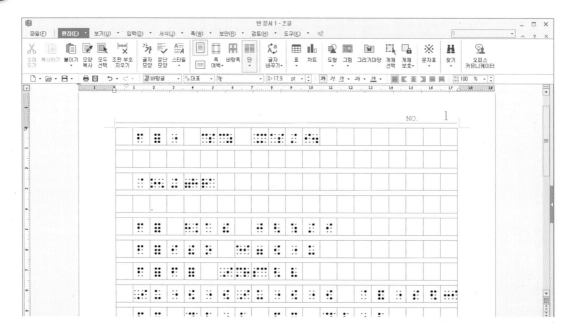

03 그림 삽입하기

추가로 원고지의 여백에 그림을 삽입합니다.

1 [입력] 탭의 [그림]을 클릭하여 '콩.png'를 선택하여 삽입합니다.

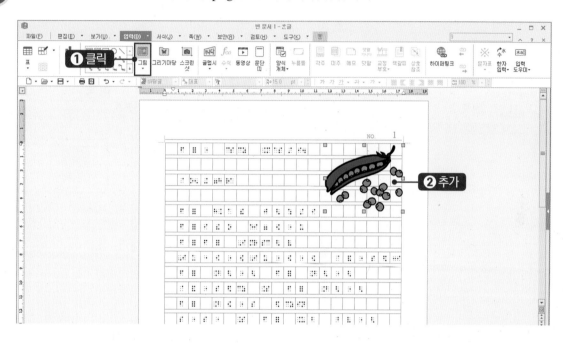

2 삽입한 그림을 더블클릭하여 [개체 속성]을 실행하여 '본무과의 배치'를 '글 앞으로'를 지정한 후 [설정]을 클릭합니다. 그리고 크기와 위치를 조절합니다.

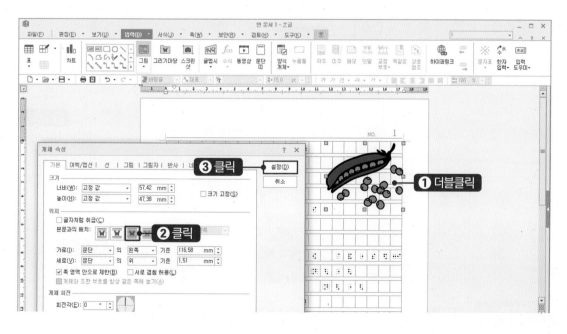

04 바탕쪽 제거하고 배경 삽입하기

바탕쪽을 제거하여 원고지 틀을 삭제하고 배경 그림을 삽입합니다.

① [쪽] 탭의 [바탕쪽]을 클릭하여 실행된 [바탕쪽] 탭에서 [바탕쪽 지우기]의 [현재 구역의 바탕쪽 지우기]를 클릭한 후 [바탕쪽] 대화상자의 [지움]을 클릭합니다.

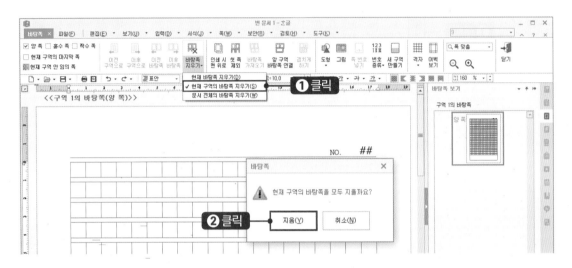

② [쪽] 탭의 [쪽 테두리/배경]을 클릭합니다. [쪽 테두리/배경] 대화상자를 실행하여 [배경] 탭을 클릭하고 '채우기'의 '그림'을 체크하여 활성화한 후 '그림 선택'을 클릭하여 '배경.png'를 삽입하고 [설정]을 클릭합니다.

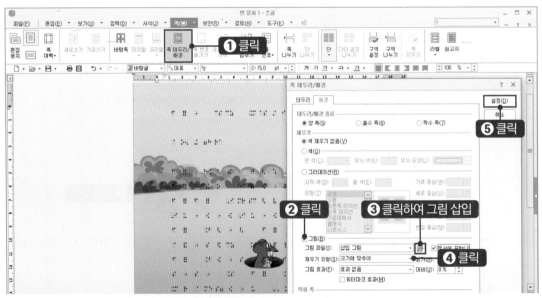

💡 **TIP** 점자책은 점자의 점을 볼록하게 튀어 나오게 만들어요!

실력 쑥쑥! 창의력 쑥쑥!

1 다음과 같이 원고지 사용법에 맞게 동시를 완성해 보세요.

예제파일 없음   완성파일 줄넘기(완성).hwp

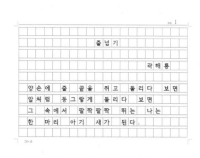

❶ 200자 원고지(A4 용지) – 빨강

❷ 텍스트 입력
- 제목 : 가운데 정렬
- 이름 : 뒤에서 2칸 띄기

2 바탕쪽을 감춰 다음과 같이 동시를 완성해 보세요.

예제파일 배경2.png   완성파일 줄넘기2(완성).hwp

❶ '배경2' 배경 채우기

❷ '바탕쪽' 감추기

칭찬 스티커

오늘의 미션
- ⊘ 쪽 배경으로 스티커 판 만들기
- ⊘ 글맵시를 이용하여 글자 입력하기
- ⊘ 그리기 조각을 편집하여 붙이는 부분 만들기

칭찬 스티커는 유아나 아동이 착한 일을 하거나 일을 잘했을 때 주는 스티커로 일정량을 다 모아서 붙이면 상을 주는 따위의 약속을 한 것입니다.

 작품 미리보기

예제파일 배경.jpg   완성파일 스티커판(완성).hwp

칭찬스티커를모아요

01	02	03	04	05	06	07	08	09	10
11	12	13	14	15	16	17	18	19	20
21	22	23	24	25	26	27	28	29	30
31	32	33	34	35	36	37	38	39	40
41	42	43	44	45	46	47	48	49	50

01 쪽 배경으로 스티커 판 만들기

쪽 배경을 이용하여 스티커 판의 배경을 추가합니다.

① 한글2016을 실행한 후 F7 키를 눌러 [편집 용지]를 실행하고 '용지 방향'을 '가로'로 설정합니다.

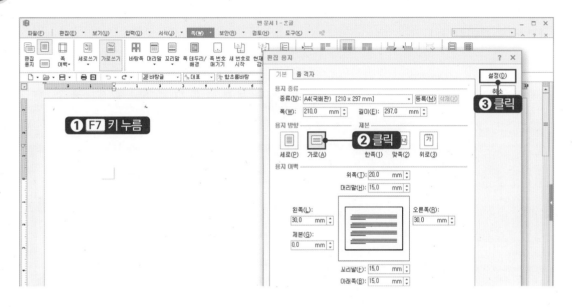

② [쪽] 탭의 [쪽 테두리/배경]을 클릭합니다. [쪽 테두리/배경] 대화상자를 실행하여 [배경] 탭을 클릭하고 '채우기'의 '그림'을 체크하여 활성화한 후 '그림 선택'을 클릭하여 '배경.jpg'를 삽입하고 [설정]을 클릭합니다.

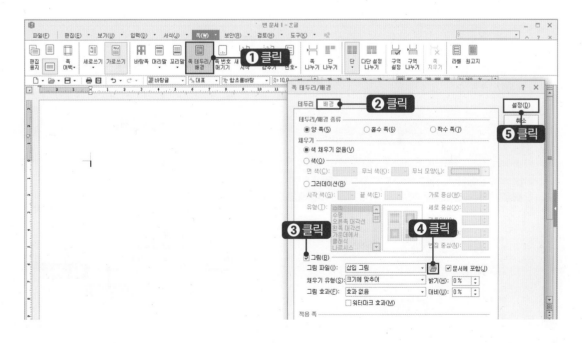

02 글맵시를 이용하여 글자 입력하기

칭찬 스티커의 제목을 글맵시를 이용하여 예쁘게 꾸밉니다.

1 [입력] 탭의 [글맵시]를 클릭하여 [글맵시 만들기] 대화상자를 실행합니다. '내용'의 입력칸에 '칭찬 스티커를 모아요'를 입력하고 '글꼴'을 'HY동녘M', '글맵시 모양'을 '직사각형'을 지정한 후 [설정]을 클릭합니다.

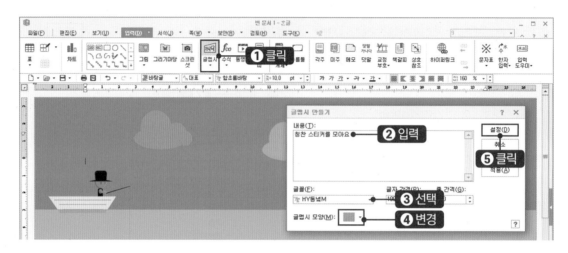

2 추가된 글맵시를 더블클릭하여 [개체 속성]을 실행합니다. [기본] 탭에서 위치의 '쪽 영역 안으로 제한'의 체크를 풀고, [채우기] 탭에서 '면 색'을 임의의 색, [선] 탭에서 '색'을 임의의 색, '종류'를 '실선', '굵기'를 '0.5mm'로 지정한 후 [설정]을 클릭합니다. 추가된 글맵시의 크기를 변경하여 적절한 위치에 배치합니다.

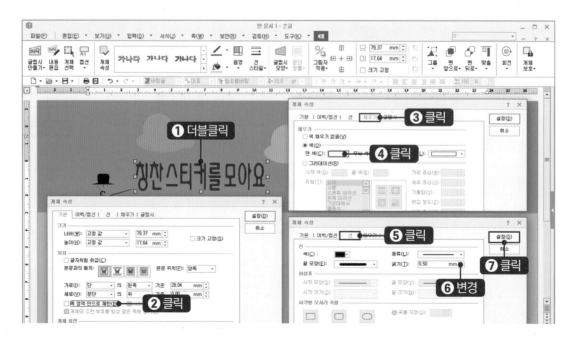

03 그리기 조각을 편집하여 붙이는 부분 만들기

그리기마당의 그리기 조각을 편집하여 스티커를 붙이는 부분을 꾸밉니다.

① [입력] 탭의 그리기마당을 클릭하여 [그리기마당]을 실행하고 [그리기 조각] 탭의 선택할 꾸러미를 '동물(수생생물)', 개체 목록의 '조개'을 선택하고 [넣기]를 클릭합니다.

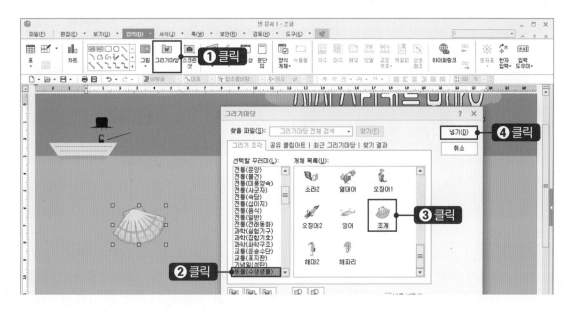

② 추가한 그리기 조각을 더블클릭하여 [개체 속성]을 실행하고 [기본] 탭에서 '너비'의 입력칸에 '20mm', '높이'의 입력칸에 '16mm'으로 입력하고 [선] 탭에서 '종류'를 '선 없음'으로 선택한 후 [채우기] 탭에서 '면 색'을 '하양'으로 지정하고 [설정]을 클릭합니다.

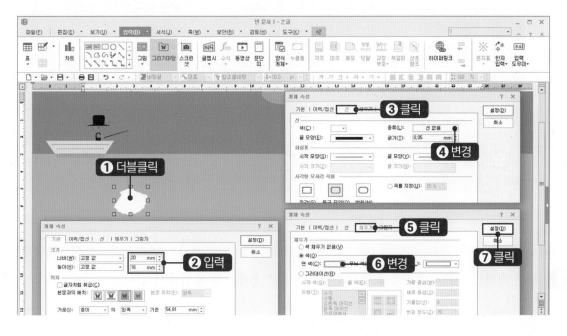

3 [입력] 탭의 '가로 글상자'를 클릭하여 추가하고 '01'을 입력한 후 '글꼴'을 '함초롬돋움', '글자 크기'를 '18pt', '글자색'을 '시멘트색', '정렬'을 '가운데 정렬'로 지정합니다. 그 다음 글상자를 더블클릭하여 [개체 속성]을 실행하고 [선] 탭에서 '종류'를 '선 없음'으로 지정합니다.

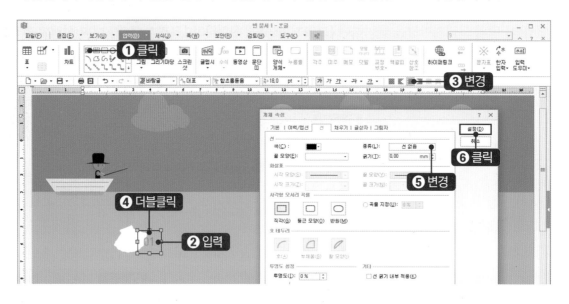

4 '조개' 그리기 조각 위로 '글상자'를 배치합니다. '조개'와 '글상자'를 Shift 을 누른채 클릭하여 선택한 후 마우스 오른쪽 버튼을 클릭하여 바로가기 메뉴를 실행하고 [개체 묶기]를 클릭합니다.

5 묶은 개체를 왼쪽과 아래쪽에 복사하여 배치하고 숫자를 수정 입력합니다.

실력 쑥쑥! 창의력 쑥쑥!

1 다음과 같이 스티커판에 붙일 스티커를 완성해 보세요.

예제파일 없음   완성파일 우측통행(완성).hwp

1 글맵시 삽입
- 글맵시 모양 : '직사각형'
- 글꼴 : 'HY동녘M'
- 면 색 : 임의의 색
- 선 색 : 임의의 색

2 그리기마당 삽입
- 동물(수생생물) 꾸러미 : '조개'

2 다음과 같이 우측통행을 완성해 보세요.

예제파일 없음   완성파일 우측통행(완성).hwp

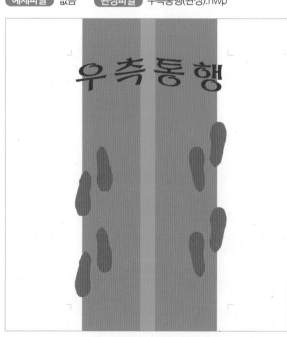

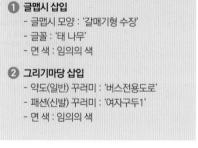

1 글맵시 삽입
- 글맵시 모양 : '갈매기형 수장'
- 글꼴 : '태 나무'
- 면 색 : 임의의 색

2 그리기마당 삽입
- 약도(일반) 꾸러미 : '버스전용도로'
- 패션(신발) 꾸러미 : '여자구두1'
- 면 색 : 임의의 색

CHAPTER 13

현미경 사용법

오늘의 미션
- ⊘ 도형 안에 글자 넣기
- ⊘ 문단 번호 넣기
- ⊘ 연결선으로 연결하기

현미경은 특정 물체를 확대해서 볼 수 있는 기계로 육안으로 확인하기 힘들 정도로 미세한 물체를 보는데 쓰입니다.

작품 미리보기

예제파일 현미경.jpg   **완성파일** 현미경사용법(완성).hwp

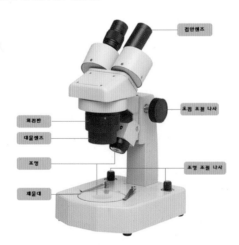

현미경 사용법

1. 회전판을 돌려 대물렌즈의 배율을 가장 낮게 하고, 프레파라트를 재물대 위에 올립니다.
2. 전원을 켜고 조명 조절 나사로 빛의 양을 조절합니다.
3. 현미경을 옆에서 보면서 초점 조절 나사로 대물렌즈를 관찰 프레파라트에 최대한 가깝게 내립니다.
4. 접안렌즈로 프레파라트를 보면서 대물렌즈를 천천히 올려 초점을 맞추어 관찰합니다.
5. 대물렌즈의 배율을 높이고, 초점 조절 나사로 초점을 맞추어 관찰합니다.
6. 관찰 결과를 그림과 글로 나타냅니다.

접안렌즈

초점 조절 나사

회전판

대물렌즈

조명

조명 조절 나사

재물대

01 도형 안에 글자 넣기

직사각형 도형의 모양을 변경하고 도형 안에 글자를 삽입합니다.

1 한글2016을 실행한 다음 F7 키를 눌러 [편집 용지] 대화상자를 실행하고 '용지 여백'을 '위쪽', '아래쪽', '왼쪽', '오른쪽'은 '15mm', '머리말', '꼬리말'은 10mm, '제본'은 '0mm'로 지정한 후 [설정]을 클릭합니다.

2 [입력] 탭의 '직사각형'을 클릭하여 추가합니다. 추가된 직사각형을 더블클릭하여 [개체 속성]을 실행하고 [선] 탭에서 '사각형 모서리 곡률'을 '반원', '종류'를 '선없음'으로 지정하고 [채우기] 탭을 클릭하여 '면 색'을 임의의 색을 지정하고 [설정]을 클릭합니다.

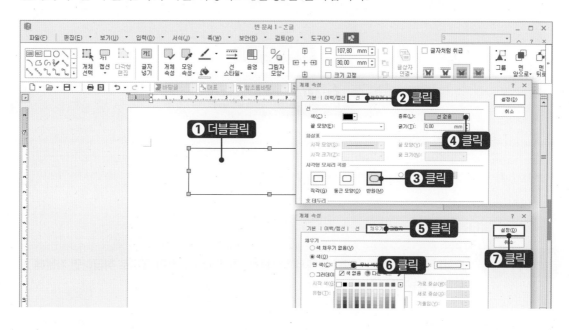

③ 서식이 변경된 직사각형 도형을 선택하고 마우스 오른쪽 버튼을 클릭하여 바로가기 메뉴를 실행하고 [도형 안에 글자 넣기]를 클릭합니다.

④ '현미경 사용법'을 입력하고 드래그하여 '기준 크기'를 '25pt', '글꼴'을 'HY헤드라인M', '기울임', '가운데 정렬'을 지정한 후 크기 및 위치를 조절합니다.

 TIP 도형의 [개체 속성] – [기본] 탭에서 '글자처럼 취급'을 체크하여 글자로 취급하면 가운데 정렬이 쉬워져요.

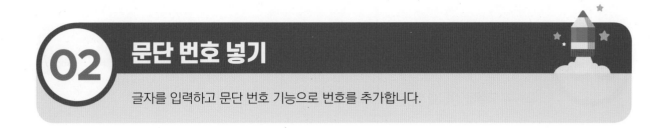

02 문단 번호 넣기

글자를 입력하고 문단 번호 기능으로 번호를 추가합니다.

1 현미경 사용법을 아래와 같이 입력한 후 드래그하여 '기준 크기'를 '12pt', '글꼴'을 'HY동녘M'으로 변경합니다.

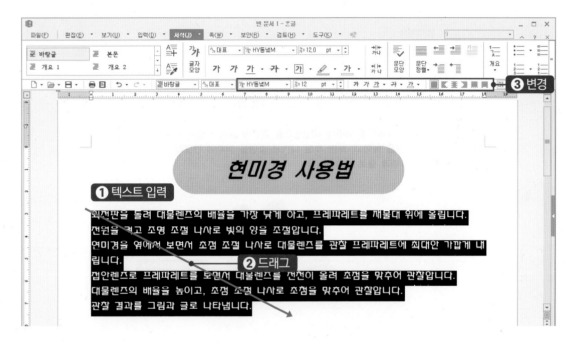

2 텍스트를 드래그하여 영역을 지정한 후 [서식] 탭의 [문단 번호]의 자세히 버튼을 클릭하여 임의의 문단 번호를 클릭하여 지정합니다.

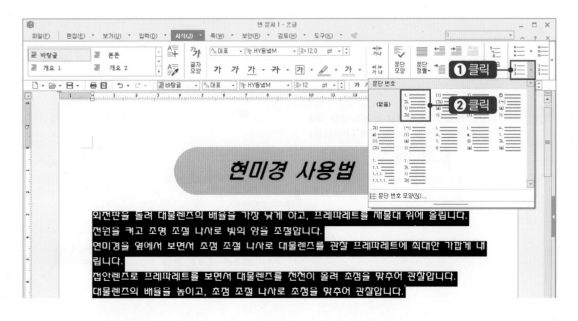

03 연결선으로 연결하기

그림과 도형을 삽입한 후 연결선으로 연결합니다.

1 [입력] 탭의 [그림]을 클릭하여 '현미경.jpg'를 선택하고 '마우스로 크기 지정'을 체크한 후 [넣기]를 클릭합니다. 그리고 마우스로 클릭, 드래그하여 그림을 추가합니다.

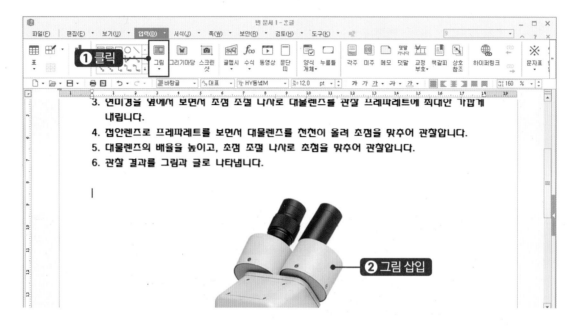

2 [입력] 탭의 '직사각형'을 클릭하고 추가합니다. 추가된 직사각형을 더블클릭하여 [개체 속성]을 실행하고 [선] 탭에서 '사각형 모서리 곡률'을 '둥근 모양', '종류'를 '선없음'으로 지정하고 [채우기] 탭을 클릭하여 '면 색'을 임의의 색을 지정하고 [설정]을 클릭합니다.

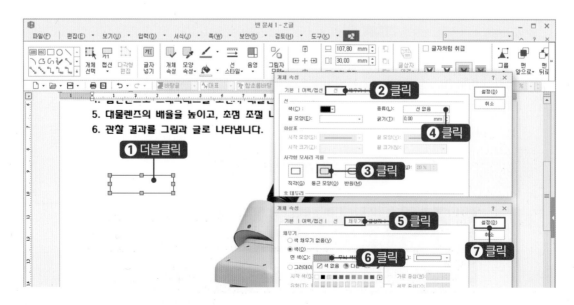

③ 서식이 변경된 직사각형 도형을 선택하고 마우스 오른쪽 버튼을 클릭하여 바로가기 메뉴를 실행하고 [도형 안에 글자 넣기]를 클릭합니다.

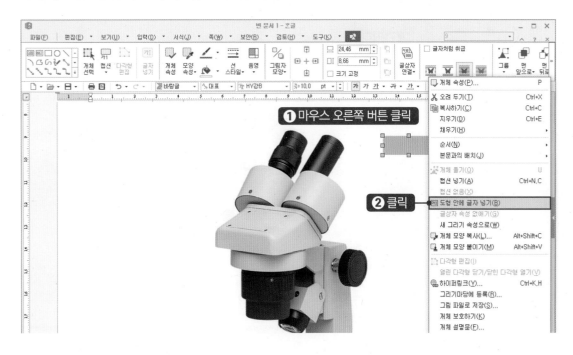

④ 글상자의 '글꼴'을 'HY강B', '가운데 정렬'을 지정한 후 복사하여 아래와 같이 배치하고 각각의 현미경의 명칭을 입력합니다.

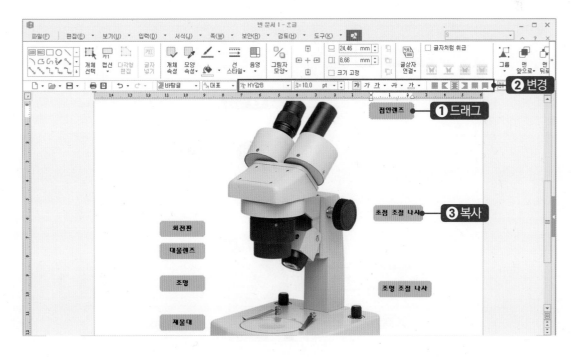

5 [입력] 탭의 '직선 연결선'을 클릭하고 현미경의 명칭과 현미경의 부분을 연결합니다.

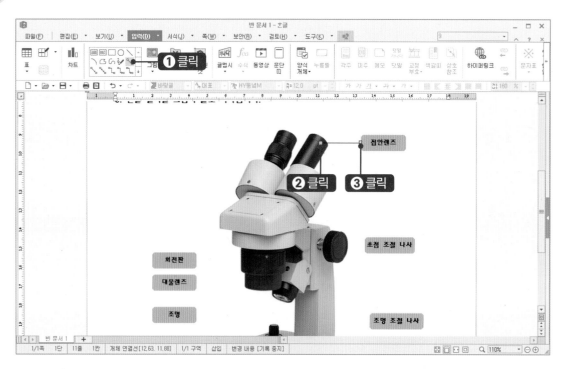

6 **5** 와 같은 방법으로 나머지 부분도 '직선 연결선', '꺾인 연결선'을 이용하여 연결하고, 선 색 및 선 굵기를 임의로 변경하여 완성합니다.

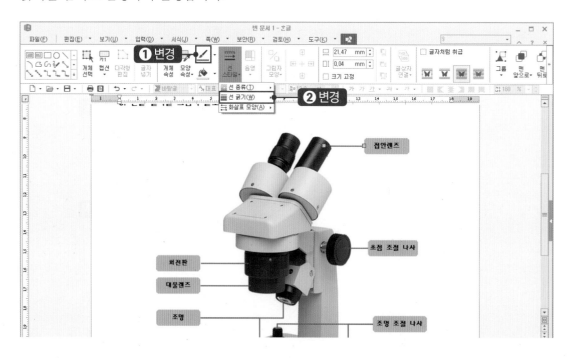

실력 쑥쑥! 창의력 쑥쑥!

1 다음과 같이 개구리 외형도를 완성해 보세요.

예제파일 개구리.png　완성파일 개구리외형도(완성).hwp

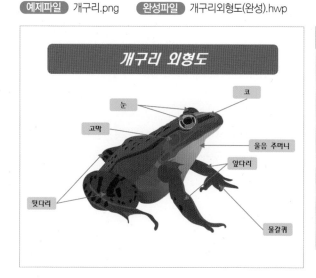

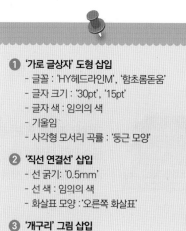

❶ '가로 글상자' 도형 삽입
- 글꼴 : 'HY헤드라인M', '함초롬돋움'
- 글자 크기 : '30pt', '15pt'
- 글자 색 : 임의의 색
- 기울임
- 사각형 모서리 곡률 : '둥근 모양'

❷ '직선 연결선' 삽입
- 선 굵기 : '0.5mm'
- 선 색 : 임의의 색
- 화살표 모양 : '오른쪽 화살표'

❸ '개구리' 그림 삽입

2 다음과 같이 팬 케이크 만드는 법을 완성해 보세요.

예제파일 블루베리.png, 팬케이크.png　완성파일 팬케이크(완성).hwp

블루베리 팬 케이크 만드는 법

1. 블루베리를 식초 탄 물에 잘 씻어 두세요.
2. 계란 1개를 큰 볼에 풀어주세요.
3. 우유를 150~160ml 정도 넣고 풀어주세요.
4. 핫케이크가루를 종이컵으로 두 컵 반 정도 넣어주세요.
5. 반죽을 잘 섞어 주세요.
6. 약불로 팬을 예열하고 기름을 두른 후 한국자를 둥그랗게 올려주세요.
7. 블루베리를 올린 후 기포가 생기면 뒤집개로 바닥을 확인하고 노릇해지는
   지 보세요.
8. 노릇해지면 뒤집어서 익혀주세요.
9. 접시에 담은 후 블루베리나 메이플 시럽을 올려서 장식합니다.

❶ '가로 글상자' 도형 삽입
- 글꼴 : '양재참숯체B', '함초롬돋움'
- 글자 크기 : '20pt', '12'pt
- 글자 색 : 임의의 색
- 기울임
- 사각형 모서리 곡률 : '둥근 모양'

❷ '직선 연결선' 삽입
- 선 굵기 : '0.5mm'
- 선 색 : 임의의 색
- 화살표 끝 모양 : '날카로운 화살표'

아름다운 한국의 5대 궁궐

오늘의 미션

- ✅ 셀의 배경을 그림으로 채우기
- ✅ 반투명 도형 삽입하기
- ✅ 책갈피를 만들어 하이퍼링크 연결하기

궁궐은 정치, 외교, 문화의 중심이자 황실 가족이 거주하는 공간으로 유교적 정치이념과 풍수지리 사상에 바탕하여 궁궐터가 정해졌습니다. 왕은 시대적 상황이나 필요에 따라 여러 궁궐을 옮겨가며 사용했습니다.

🔍 작품 미리보기

예제파일 우리나라고궁.hwp, 지도.png   **완성파일** 우리나라고궁(완성).hwp

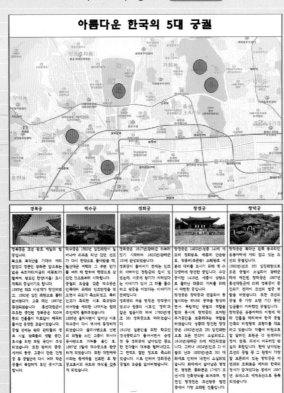

01 셀의 배경을 그림으로 채우기

표를 만들고 하나의 셀의 배경에 그림을 채웁니다.

1 한글2016을 실행한 다음 [파일] 탭의 [불러오기]를 클릭하여 '우리나라고궁.hwp' 파일을 불러온 후 [입력] 탭의 [표]를 클릭하여 [표 만들기]를 실행한 후 '줄 수'의 입력칸에 '2', '칸 수'의 입력칸에 '1'를 입력하고 [만들기]를 클릭합니다.

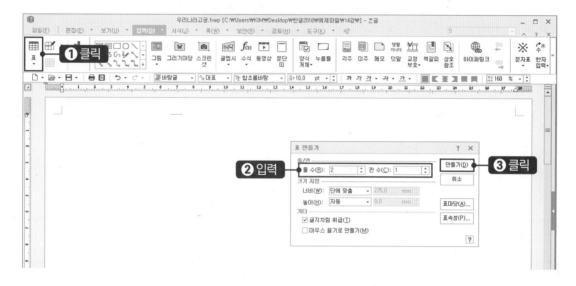

2 F5 키를 눌러 영역을 선택하고 Ctrl 키와 방향키(↑, ↓)를 눌러 셀의 높이를 조절합니다.

3 첫 번째 셀에 '아름다운 한국의 5대 궁궐'을 입력하고 드래그하여 '글꼴'을 '양재참숯체B', '글자 크기'를 '32pt', '진하게', '가운데 정렬'을 설정합니다.

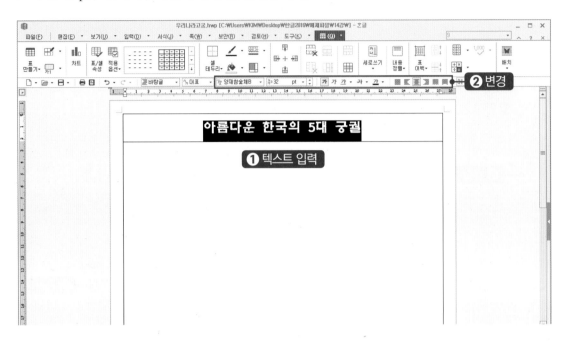

4 두 번째 셀에 커서를 위치시킨 후 F5 키를 누르고 C 키를 눌러 [셀 테두리/배경] 대화상자를 실행하고 [배경] 탭을 클릭합니다. '그림'을 체크하여 활성화하고 '그림 선택'을 클릭하여 '지도.png'를 삽입한 다음 '채우기 유형'을 '크기에 맞추어'로 지정한 후 [설정]을 클릭합니다.

02 반투명 도형 삽입하기

도형을 삽입하고 서식을 지정하여 반투명 도형으로 변경합니다.

1 [입력] 탭의 '타원'을 선택하고 클릭, 드래그하여 추가합니다. 삽입된 타원을 더블클릭하여 [개체 속성] 대화상자가 실행되면 [채우기] 탭을 클릭하고 '면 색'을 임의의 색으로 지정하고 '투명도' 입력칸에 '50%'를 입력한 후 [설정]을 클릭합니다.

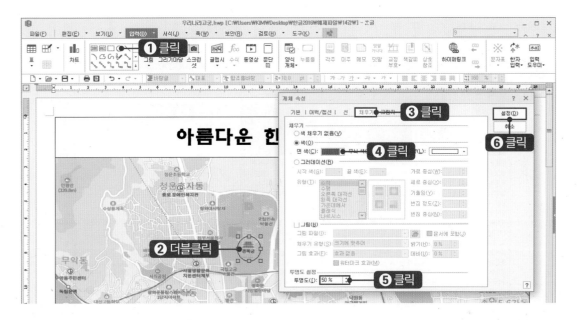

2 반투명 타원 도형을 Ctrl 키를 누른채 드래그하여 각각의 궁궐 지역으로 복사하여 위치시킵니다.

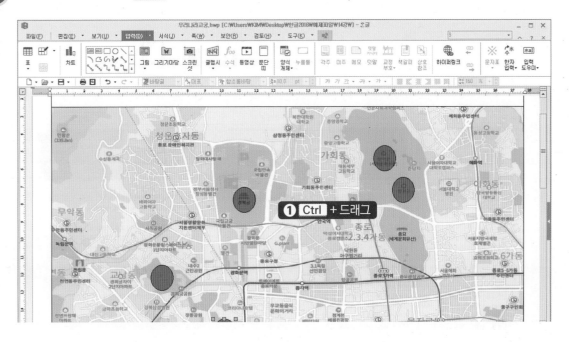

03 책갈피를 만들어 하이퍼링크 연결하기

궁궐 설명 위치에 책갈피를 만들고 도형을 클릭하면 해당 궁궐 설명으로 이동되도록 하이퍼링크를 연결합니다.

1 2쪽의 '경복궁' 텍스트 앞에 커서를 위치시킨 후 [입력] 탭의 [책갈피]를 클릭합니다. [책갈피] 대화상자가 실행되면 '책갈피 이름'의 입력칸에 '경복궁'을 입력하고 [넣기]를 클릭합니다.

2 **1** 과 같은 방법으로 궁궐 이름에 해당하는 위치에 각각의 궁궐이름으로 책갈피를 추가합니다.

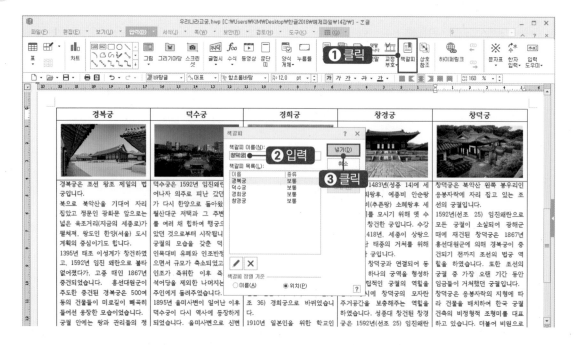

3 타원 도형을 선택하고 마우스 오른쪽 버튼을 클릭하여 바로가기 메뉴를 실행하고 [하이퍼링크]를
클릭합니다.

4 [하이퍼링크] 대화상자가 실행되면 해당 책갈피를 클릭하고 [넣기]를 클릭합니다.

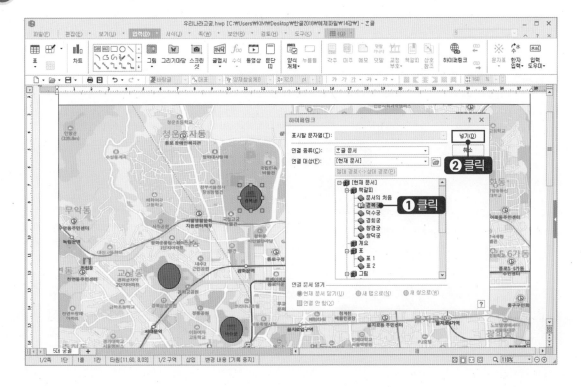

5 **3** ~ **4** 와 같은 방법으로 나머지 도형에 각각의 책갈피로 하이퍼링크를 연결한 후 도형을 클릭
하여 해당 책갈피로 이동하는지 확인합니다.

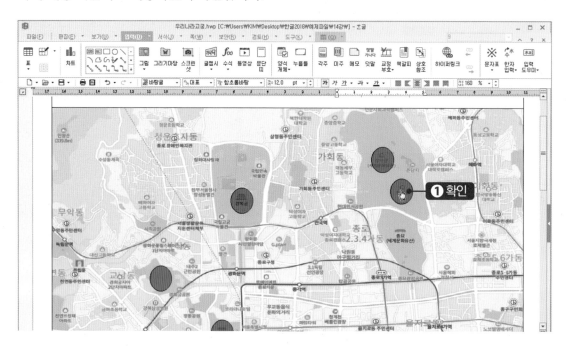

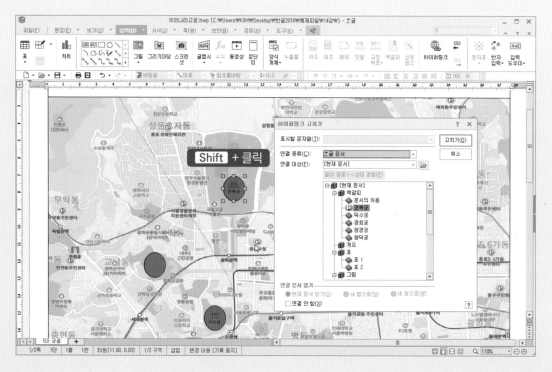

TIP 하이퍼링크 연결이 잘못되어 다시 연결하고 싶다면 Shift 키를 누른채로 도형을 선택하고
하이퍼링크를 고칠 수 있어요.

실력 쑥쑥! 창의력 쑥쑥!

1 다음과 같이 책갈피와 하이퍼링크를 삽입해 테스트를 완성해 보세요.

예제파일 테스트.hwp   완성파일 테스트1(완성).hwp

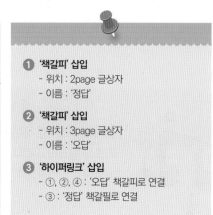

① '책갈피' 삽입
- 위치 : 2page 글상자
- 이름 : '정답'

② '책갈피' 삽입
- 위치 : 3page 글상자
- 이름 : '오답'

③ '하이퍼링크' 삽입
- ①, ②, ④ : '오답' 책갈피로 연결
- ③ : '정답' 책갈필로 연결

2 다음과 같이 책갈피와 하이퍼링크를 삽입해 테스트를 완성해 보세요.

예제파일 테스트1(완성).hw   완성파일 테스트2(완성).hwp

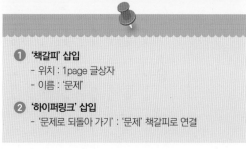

① '책갈피' 삽입
- 위치 : 1page 글상자
- 이름 : '문제'

② '하이퍼링크' 삽입
- '문제로 되돌아 가기' : '문제' 책갈피로 연결

음표와 쉼표

오늘의 미션
- ✓ 그리기 조각 삽입하기
- ✓ 그리기 조각 수정하기
- ✓ 그리기마당에 등록하기

음악에서 소리를 내는 것을 표기한 기호를 음표라고 하고, 음을 내지 않고 쉬는 때를 표기한 기호를 쉼표라고 합니다. 음표는 머리, 기둥, 꼬리, 점의 네 부분으로 구분하여 음의 길이와 높낮이를 알려줍니다.

 작품 미리보기

| 예제파일 | 악보.hwp | 완성파일 | 악보(완성).hwp |

01 그리기 조각 삽입하기

그리기마당에 등록되어 있는 그리기 조각을 삽입합니다.

① 한글2016을 실행한 다음 [파일] 탭의 [불러오기]를 클릭하여 '악보.hwp' 파일을 불러온 후 [입력] 탭의 [그리기마당]을 클릭하고 '취미문화(악보)'의 '높은음자리'를 선택한 후 [넣기]를 클릭하여 추가합니다.

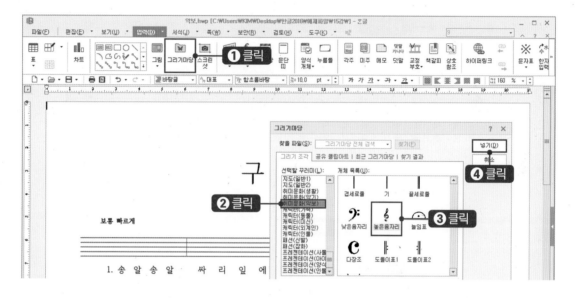

② '2', '4', '4분음표1', '8분음표1', '8분쉼표', '점4분음표', '끝세로줄'을 삽입하여 다음과 같은 악보를 완성합니다.

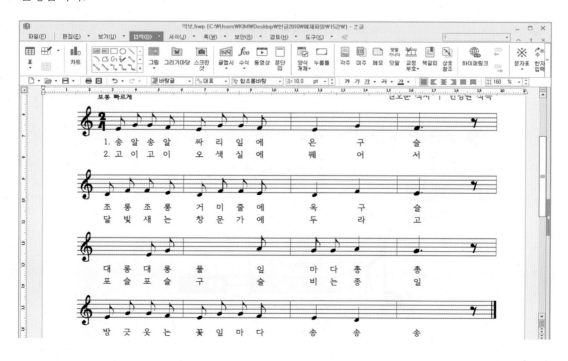

1 그리기마당에서 '8분음표1'을 삽입한 후 **[입력]** 탭의 '직선'을 클릭하여 낮은 도의 8분 음표를 만듭니다.

2 Shift 키를 클릭하고 직선과 8분 음표를 선택한 후 마우스 오른쪽 버튼을 클릭하여 **[개체 묶기]**를 클릭하고 크기를 조절하여 '대롱'의 위치에 배치합니다.

3 **2** 와 같은 방법으로 '점4분음표'와 '직선'을 개체 묶기하고 크기를 조절하여 '송'의 위치에 배치합니다.

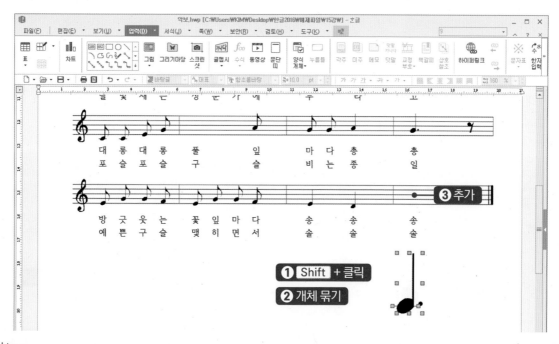

TIP   Ctrl 키와 G 키를 함께 눌러 개체 묶기를 바르게 할 수 있어요.

4 '점4분음표'을 삽입하고 마우스 오른쪽 버튼을 클릭하여 [개체 풀기]를 실행한 후 4분 음표를 [좌우 대칭]과 [상하 대칭]을 차례로 실행하여 점 4분 음표로 수정합니다.

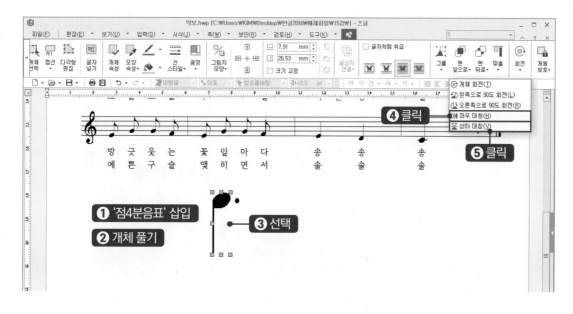

03 그리기마당에 등록하기

수정한 그리기 조각을 그리기마당에 등록하여 사용합니다.

1 Shift 키를 누른채로 4분 음표와 점을 클릭한 후 Ctrl 키와 G 키를 눌러 하나의 개체로 만든 후 마우스 오른쪽 버튼을 클릭하여 [그리기마당에 등록]을 클릭하고 실행된 [그리기 조각 등록] 대화상자에서 '등록할 꾸러미 목록'은 '취미문화(악보)', '이름'은 '점4분음표2'를 입력한 후 [등록]을 클릭합니다.

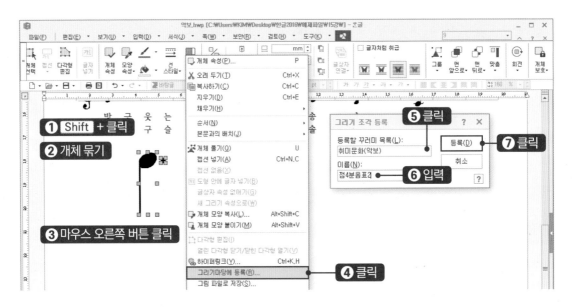

2 [그리기마당]을 클릭하여 등록된 '점4분음표2'를 추가하여 크키를 조절하고 해당 위치에 배치합니다.

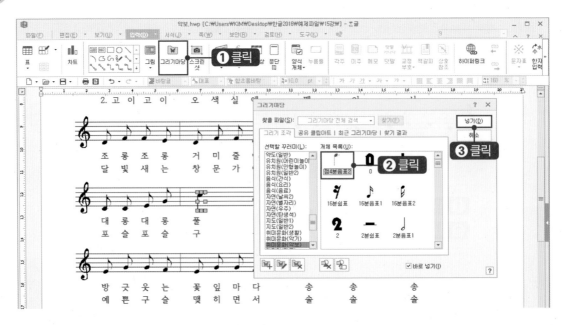

실력 쑥쑥! 창의력 쑥쑥!

1 다음과 같이 악보를 완성해 보세요.

예제파일 자전거.hwp   완성파일 자전거(완성).hwp

① '그리기조각' 삽입

2 다음과 같이 악보를 완성해 보세요.

예제파일 눈을굴려서.hwp   완성파일 눈을굴려서(완성).hwp

① '그리기조각' 삽입

알쏭달쏭 수학 퀴즈

오늘의 미션
- ✓ 파일 불러오기
- ✓ 수식 입력하기
- ✓ 셀 배경 채우기

분수는 부분이 전체를 차지하는 비율을 나타내는 수식입니다. 가로줄을 기준으로 위에 쓰여지는 정수를 분자라고 하고 가로줄 아래에 쓰여지는 0이 아닌 정수를 분모라고 합니다.

 작품 미리보기

예제파일 수학시험지.hwp   완성파일 수학시험지(완성).hwp

수학 실력을 쌓아요

학교	미래초등학교	학년/반/번호	3학년 2반 12번	이름	김명리

1. 아래 그림을 보고 전체에 대한 색칠한 부분의 크기를 분수로 표현해 보세요.

   정답 $\dfrac{2}{6}$

2. 아래 그림을 보고 전체에 대한 색칠한 부분에 대한 설명은 다음과 같습니다. 다음의 설명을 식으로 표현해 보세요.

   [설명] 전체를 똑같이 5로 나눈 것 중의 2입니다.

   정답 $5 \div 2 = \dfrac{2}{6}$

3. □안의 수는 얼마인지 분수로 표현해 보세요.

   $\dfrac{0}{10}$는 □이 9개 입니다.

   정답 $\dfrac{1}{10}$

4. '칠분의 사'를 분수로 표현해 보세요.

   정답 $\dfrac{4}{7}$

5. 아빠가 8조각이 난 피자 한 판을 사오셔서 2조각을 먹었습니다. 얼마나 남았는지 계산하는 식과 답을 분수로 표현해 보세요.

   정답 $1 - \dfrac{2}{8} = \dfrac{6}{8}$

6. 수박 한 통을 똑같이 13조각으로 나누었습니다. 7명이 한 조각씩 먹었다면 남은 수박은 몇 조각인지 식과 답을 분수로 표현해 보세요.

   정답 $1 - \dfrac{7}{13} = \dfrac{6}{13}$

7. $\dfrac{8}{20}$만큼 색칠해 보세요.(색상 : 빨강)

8. 아래 그림을 보고 □ 안에 알맞은 분수를 써 보세요.

   정답 ㉠ $\dfrac{1}{10}$ ㉡ $\dfrac{7}{10}$

9. 색종이 한 장을 똑같이 15조각으로 나누어 그 중 8 조각을 사용했습니다. 사용한 색종이는 전체의 몇 분의 몇 입니까?

   정답 $\dfrac{8}{15}$

10. 24개의 딸기 중에서 $\dfrac{5}{8}$을 먹었습니다. 먹은 딸기는 몇 개인지 계산하는 식과 답을 분수로 표현해 보세요.

    정답 $24 \times \dfrac{5}{8} = 15$

01 파일 불러오기

이미 저장되어 있는 파일을 불러와 텍스트를 입력합니다.

1 한글2016을 실행한 다음 [파일] 탭의 [불러오기]를 클릭하여 '수학시험지.hwp' 파일을 불러옵니다.

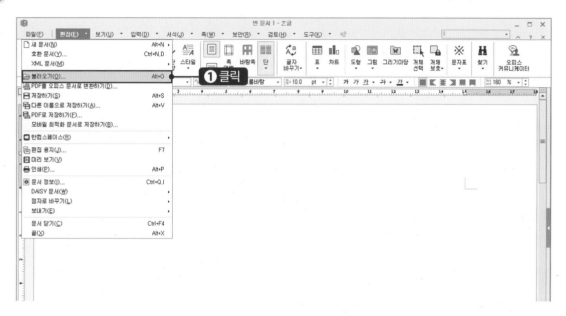

2 '학교', '학년/반/번호' 및 '이름' 칸에 텍스트를 입력합니다.

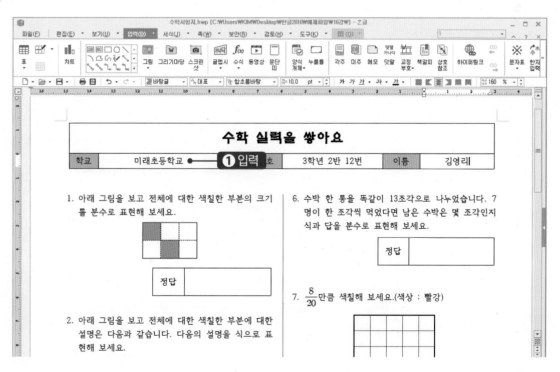

02 수식 입력하기

수식 편집기로 분수와 같은 수식을 입력합니다.

1 1번 문제의 정답 입력칸에 커서를 위치시킨 후 [입력] 탭의 [수식]을 클릭합니다.

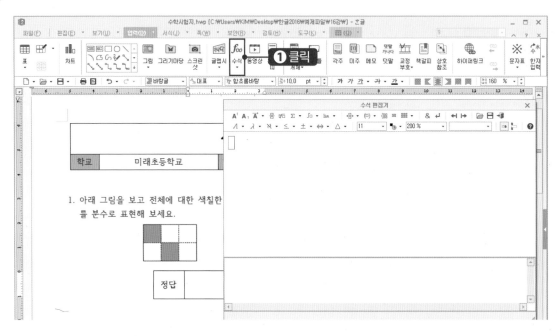

2 '분수'를 클릭한 후 생성된 분수의 가로 막대 위의 입력칸에는 '2', 아래의 입력칸에는 '6'을 입력한 후 [넣기]를 클릭합니다.

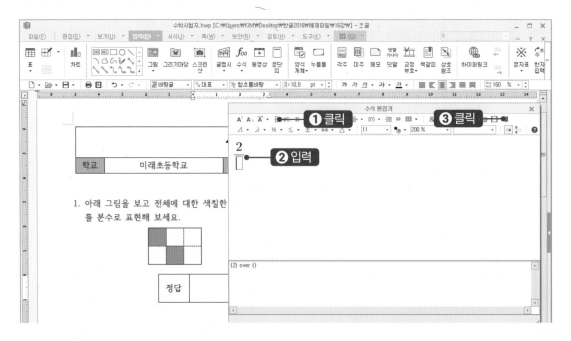

3 2번 문제의 정답 입력칸에 커서를 위치시킨 후 **Ctrl** 키와 **N**, **M** 키를 차례로 눌러 [수식 편집기]를 실행하여 식을 입력하고 [넣기]를 클릭합니다.

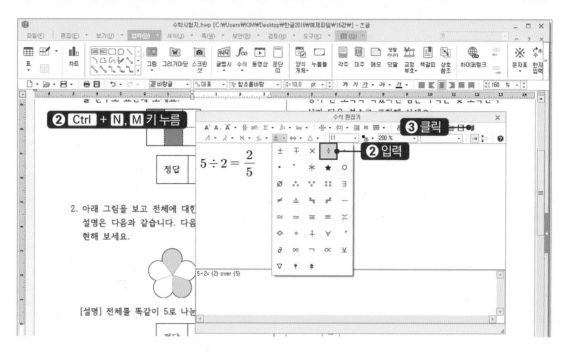

4 **2** ~ **3** 과 같은 방법으로 수학 문제의 정답을 수식 편집기로 입력합니다.

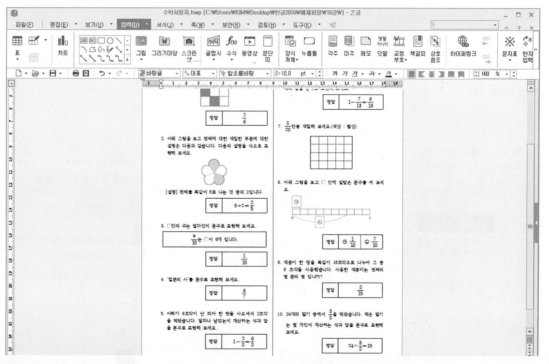

TIP **Shift** 키와 **Esc** 키를 함께 눌러 넣기를 빠르게 실행할 수 있어요.

03 셀 배경 채우기

Ctrl 키를 누른채로 해당하는 셀을 선택한 후 셀 배경 채우기로 색을 채웁니다.

1 7번 문제의 표에 커서를 위치시킨 후 Ctrl 키를 누른채로 해당하는 개수만큼 셀을 선택합니다.

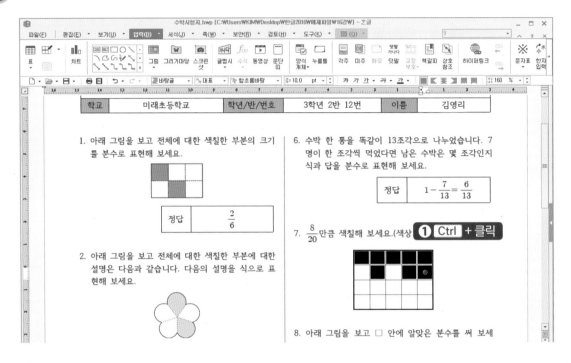

2 C 키를 눌러 [셀 테두리/배경]을 실행하여 [배경] 탭의 '면 색'을 '빨강'으로 지정하고 [설정]을 클릭합니다.

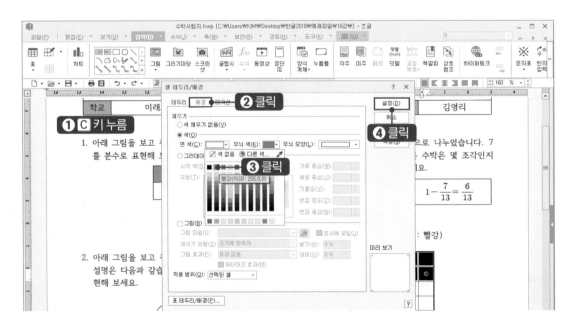

실력 쑥쑥! 창의력 쑥쑥!

1 다음과 같이 수학능력평가 수학 문제를 완성해 보세요.

예제파일 수능문제.hwp   완성파일 수능문제(완성).hwp

2021학년도 수학능력평가
[수학]

20. 함수 $f(x) = \pi\sin 2\pi x$에 대하여 정의역이 실수 전체의 집합이고 치역이 집합 $\{0,1\}$인 함수 $g(x)$와 자연수 n이 다음 조건을 만족할 때, n의 값은? [4점]

> 함수 $h(x) = f(nx)g(x)$는 실수 전체의 집합에서 연속이고
> $$\int_{-1}^{-} h(x)dx = 2, \int_{-1}^{1} xh(x)dx = -\frac{1}{32}$$
> 이다

① 8   ② 10   ③ 12   ④ 14   ⑤ 16

❶ '수식' 삽입

2 다음과 같이 수학능력평가 수학 문제 풀이를 완성해 보세요.

예제파일 수능문제풀이.hwp   완성파일 수능문제풀이(완성).hwp

2021학년도 수학능력평가
[수학]

20. 함수 $f(x) = \pi\sin 2\pi x$에 대하여 정의역이 실수 전체의 집합이고 치역이 집합 $\{0,1\}$인 함수 $g(x)$와 자연수 n이 다음 조건을 만족할 때, n의 값은? [4점]

> 함수 $h(x) = f(nx)g(x)$는 실수 전체의 집합에서 연속이고
> $$\int_{-1}^{-} h(x)dx = 2, \int_{-1}^{1} xh(x)dx = -\frac{1}{32}$$
> 이다

① 8   ② 10   ③ 12   ④ 14   ⑤ 16

[답] 16
[문제풀이 방법]

$$\int_{-1}^{1} xh(x)dx = \int_{0}^{1} xf(nx)dx = \int_{0}^{1} x\pi\sin 2n\pi x\, dx$$

$$= \left[-\frac{x}{2n}\cos 2n\pi x\right]_{0}^{1} - \int_{0}^{1}\left(-\frac{1}{2n}\cos 2n\pi x\right)dx$$

$$= \left(-\frac{1}{2n}\right) + \frac{1}{2n} \times \left[\frac{1}{2n\pi}\sin 2n\pi x\right]_{0}^{1}$$

$$= -\frac{1}{2n} = -\frac{1}{32}$$

따라서 $n = 16$

❶ '수식' 삽입

캐릭터 편지 봉투

오늘의 미션
- ✅ 다각형을 추가하고 편집하기
- ✅ 그림 삽입하기
- ✅ 누름틀로 주소 입력하기

편지는 안부나 소식을 적어 보내는 글을 말합니다. 인터넷의 발달로 지금은 이메일이나 모바일 메신저가 널리 퍼지면서 지금은 일반적인 대화 수단보다는 사람의 감성을 담은 로맨틱한 것으로 인식되고 있습니다.

 작품 미리보기

예제파일 봉투.hwp, 고양이귀.png, 고양이얼굴.jpg, 리본.png   완성파일 고양이봉투(완성).hwp

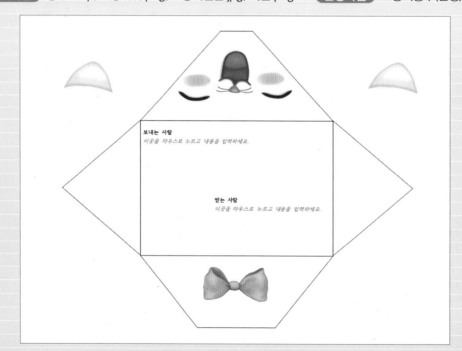

01 다각형을 추가하고 편집하기

봉투의 전개도를 만들기 위해 다각형을 추가하고 편집합니다.

① 한글2016을 실행한 다음 [파일] 탭의 [불러오기]를 클릭하여 '봉투.hwp' 파일을 불러온 후 [입력] 탭의 [그리기마당]을 클릭하고 '기본도형' 꾸러미에서 '사다리꼴'을 클릭하여 추가합니다.

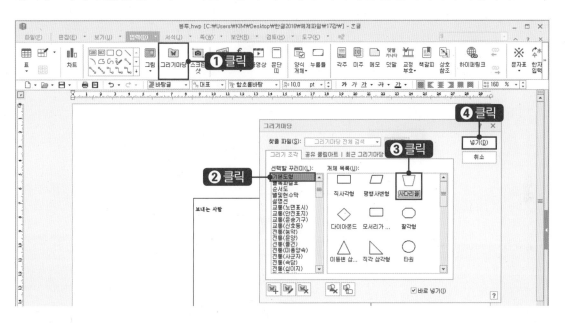

② 추가된 사다리꼴을 더블클릭하여 [개체 속성]을 실행합니다. [기본] 탭에서 '너비'의 입력칸에 '126mm', '높이'의 입력칸에 '60mm' 입력한 후 [설정]을 클릭합니다. 그 다음 🔁 탭의 [회전]을 클릭하고 [상하 대칭]을 클릭하고 지정 위치에 배치합니다.

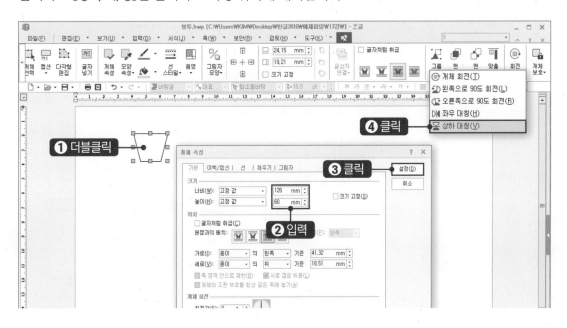

3 **1** ~ **2** 와 같은 방법으로 '사다리꼴', '이등변 삼각형'을 추가하여 크기를 정하고 회전 기능을 이용하여 아래와 같이 배치합니다.

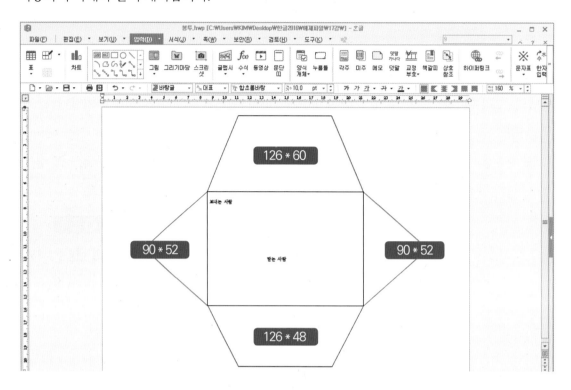

4 사다리꼴을 선택하고 마우스 오른쪽 버튼을 클릭하여 [개체 속성]의 [다각형 편집]을 클릭하고 모양 변경점을 이동하여 모양을 변경합니다.

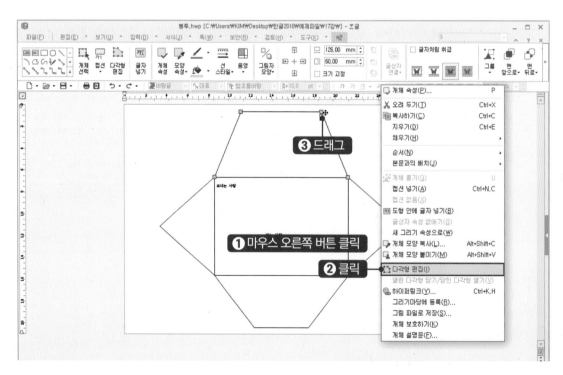

02 그림 삽입하기

다각형에 그림을 채우고, 그림을 삽입하여 편지 봉투를 꾸밉니다.

1 사다리꼴을 선택하고 Enter 키를 눌러 [개체 속성]을 실행합니다. [채우기] 탭의 '그림'을 체크하여 활성화한 후 '그림 선택'을 클릭하고 해당 '고양이얼굴.jpg'를 열고 [설정]을 클릭합니다.

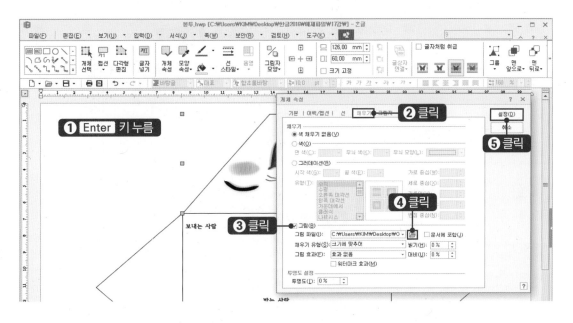

2 [입력] 탭의 [그림]을 클릭하여 '리본.png', '고양이귀.png'를 아래 그림과 같이 추가합니다.

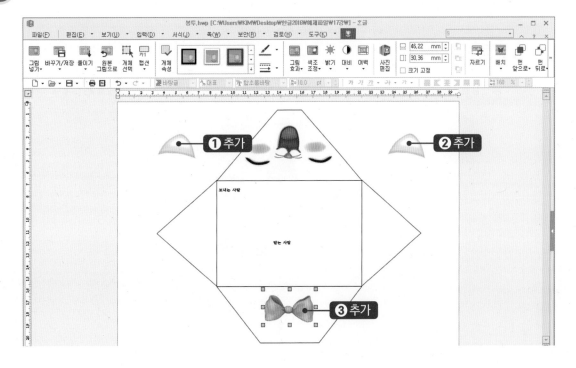

03 누름틀로 주소 입력하기

누름틀을 삽입한 후 누름틀에 주소를 입력하여 편지 봉투를 완성합니다.

① 누름틀을 삽입하고자 하는 곳에 커서를 위치시킨 후 [입력] 탭의 [누름틀]을 클릭합니다.

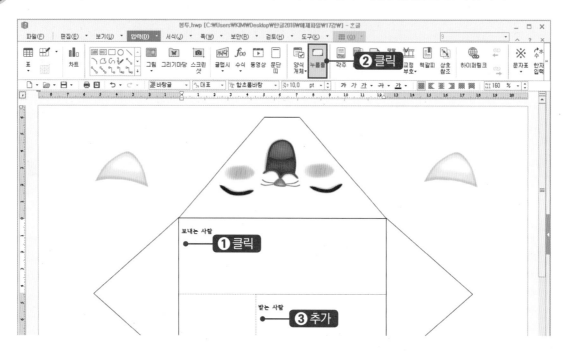

② 추가된 누름틀을 클릭하여 주소를 입력합니다.

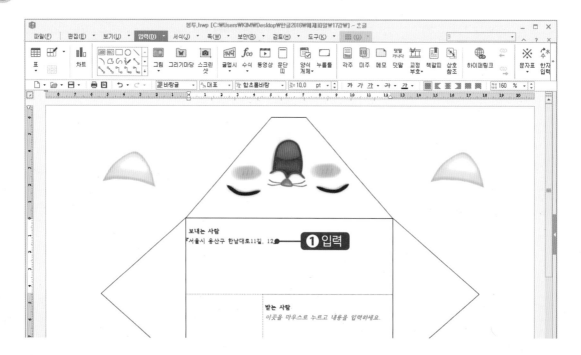

실력 쑥쑥! 창의력 쑥쑥!

1 다음과 같이 규격 봉투의 전개도를 완성해 보세요.

예제파일 규격봉투.hwp 완성파일 규격봉투(완성).hwp

보내는 사람
이곳을 마우스로 누르고 내용을 입력하세요.

□□□□□

받는 사람
이곳을 마우스로 누르고 내용을 입력하세요

□□□□□

1 그리기마당 삽입
- 기본도형 꾸러미 : '왼쪽 대괄호',
  '오른쪽 대괄호'
- 너비 '15mm', 높이 '95mm'

2 '누름틀' 삽입

3 표의 선모양 변경

2 다음과 같이 규격 봉투의 전개도를 완성해 보세요.

예제파일 항공봉투.hwp, 봉투조각.png, 항공봉투.jpg 완성파일 항공봉투(완성).hwp

1 '항공봉투' 그림 채우기

2 '봉투조각' 그림 삽입
- 너비 '130mm', 높이 '55mm'
  (상하 대칭)
- 너비 '90mm', 높이 '70mm'
  (90도 회전)

CHAPTER 18

알뜰살뜰 용돈기입장

오늘의 미션
- ⊘ 글맵시 삽입하고 수정하기
- ⊘ 표 합치기 및 셀 배경색 채우기
- ⊘ 계산식을 이용해 계산하기

계획적이며 합리적인 용돈 관리를 위해 용돈기입장을 작성합니다. 용돈기입장으로 작성하면 사용된 돈의 내용을 기록하여 관리하며 언제, 무엇을, 어떻게 사용하였는지 알 수 있어 소비생활을 반성할 수 있도 다음 계획을 세울 때 도움이 됩니다.

🔍 작품 미리보기

예제파일 용돈기입장.hwp   **완성파일** 용돈기입장(완성).hwp

들어온 돈			나간 돈		
날짜	내용	금액	날짜	내용	금액
4/1	지난 달 남은 돈	5000	4/2	공책 등 학용품	3800
4/1	이번 달 용돈	10000	4/3	군것질	3000
			4/9	따릉이 대여	1000
			4/15	엄마 생일 선물	5000
들어온 돈 합계		15,000	나간 돈 합계		12,800
총액			2,200		

01 글맵시 삽입하고 수정하기

지정된 모양의 글맵시를 삽입하고 수정합니다.

 한글2016을 실행한 다음 [파일] 탭의 [불러오기]를 클릭하여 '용돈기입장.hwp' 파일을 불러온 후 [입력] 탭에서 [글맵시]의 '채우기- 고동색 그러데이션, 연한 회색 그림자, 육각형 모양'을 클릭하고 텍스트를 입력합니다.

② 삽입된 글맵시를 더블클릭하여 [개체 속성]을 실행한 후 [글맵시] 탭에서 '그림자'의 'X위치'를 '1%', 'Y위치'를 '1%' 수정한 후 [설정]을 클릭하고 크기와 위치를 조절합니다.

02 표 합치기 및 셀 배경색 채우기

셀을 드래그하여 합치고 배경색을 채웁니다.

1 셀을 드래그하여 선택한 후 마우스 오른쪽 버튼을 클릭하여 바로가기 메뉴의 [셀 합치기]를 클릭하여 하나의 셀로 합칩니다.

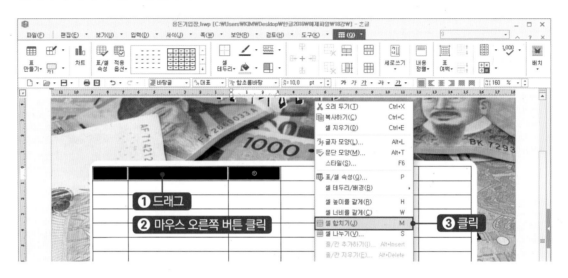

2 아래와 같이 나머지 셀도 합치기 기능을 이용하여 만듭니다.

TIP 셀을 드래그 한 상태에서 M 키를 누르면 빠르게 합칠 수 있어요.

3 아래와 같이 텍스트를 입력하고 '기준 크기'를 '12pt', '글꼴'을 '함초롬돋움', '가운데 정렬'을 지정합니다.

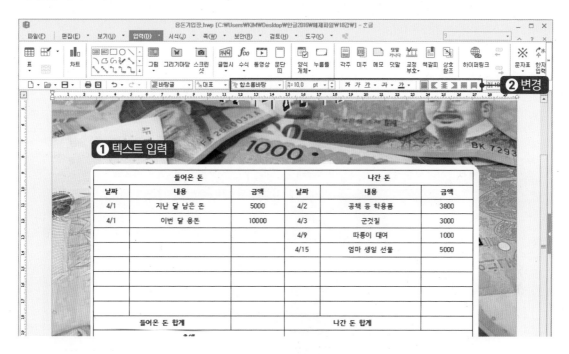

4 셀을 선택한 후 ⓒ키를 눌러 [셀 테두리/배경]을 실행합니다. [배경] 탭에서 '면 색'을 임의의 색으로 지정하여 아래와 같이 셀 배경색을 채웁니다.

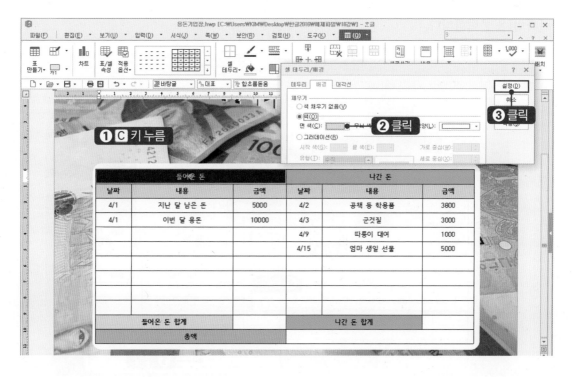

계산식을 이용해 계산하기

표의 계산식 기능을 이용하여 계산합니다.

1 아래와 같이 셀을 드래그 한 후 마우스 오른쪽 버튼을 클릭하여 바로가기 메뉴의 [블록 계산식]의
[블록 합계]를 클릭하여 들어온 돈의 합계를 구합니다. 같은 방법으로 나간돈의 합계도 구합니다.

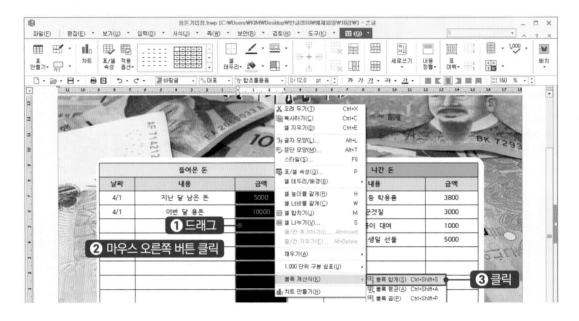

2 총액의 입력칸에 커서를 위치시킨 후 ⊞ 의 [계산식]을 클릭하여 계산식에 '=C11-F11'을 입력하고
[확인]을 클릭합니다.

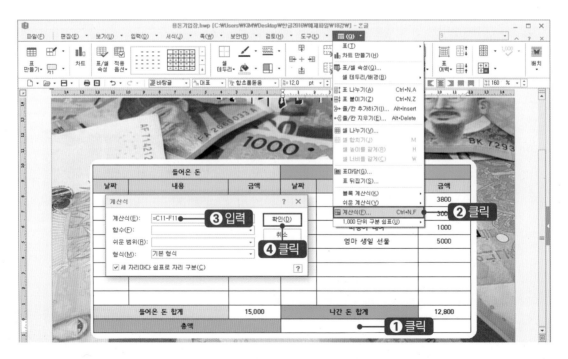

실력 쑥쑥! 창의력 쑥쑥!

1 다음과 같이 독서 목표량을 완성해 보세요.

예제파일 독서목표.hwp   완성파일 독서목표(완성).hwp

정독이의
올해 독서 목표

1학기		
월	목표	실제로 읽은 권수
3월	5	5
4월	4	2
5월	2	0
6월	4	5
7월	2	1
계	17	13
목표 달성		-4

2학기		
월	목표	실제로 읽은 권수
9월	5	2
10월	4	3
11월	2	5
12월	4	1
1월	2	7
계	17	18
목표 달성		+1

꼭읽을책

	제목	저자
1	어린 왕자	생떽쥐베리
2	강아지똥	권정생
3	브레멘 음악대	그림 형제

① 블록 계산식 – '블록 합계'

② 계산식 – '=B8-C8'

③ 계산식 – '=F8-G8'

2 다음과 같이 저금 금액을 완성해 보세요.

예제파일 저금.hwp   완성파일 저금(완성).hwp

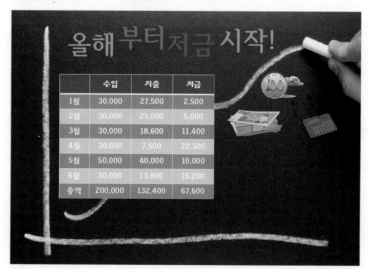

올해부터 저금 시작!

	수입	지출	저금
1월	30,000	27,500	2,500
2월	30,000	25,000	5,000
3월	30,000	18,600	11,400
4월	30,000	7,500	22,500
5월	50,000	40,000	10,000
6월	30,000	13,800	16,200
총액	200,000	132,400	67,600

① 블록 계산식 – '블록 합계'

② 계산식 – '=B2-C2'

우리나라 시도별 인구 차트

오늘의 미션
- ✅ 입력된 데이터로 차트 삽입하기
- ✅ 차트 마법사로 차트 꾸미기
- ✅ 원형 차트 삽입하기

통계청 조사자료를 살펴보면 2020년 우리나라 총인구는 5,178만 명이며, 2028년에는 5,194만 명으로 정점을 찍은 후 점점 감소할 것으로 전망하고 있습니다. 2020년의 시도별 인구 차트로 인구 집중 현상을 알아봅시다.

 작품 미리보기

예제파일 인구차트.hwp **완성파일** 인구차트(완성).hwp

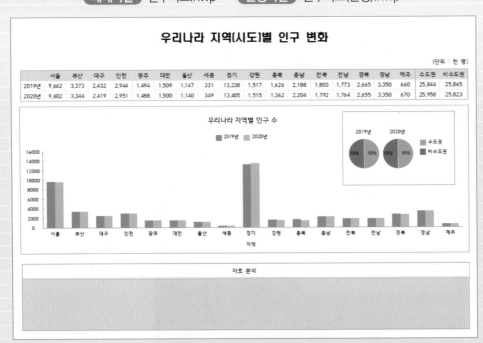

01 입력된 데이터로 차트 삽입하기

입력되어 있는 데이터를 이용하여 차트를 삽입합니다.

1 한글2016을 실행한 다음 [파일] 탭의 [불러오기]를 클릭하여 '인구차트.hwp' 파일을 불러옵니다.

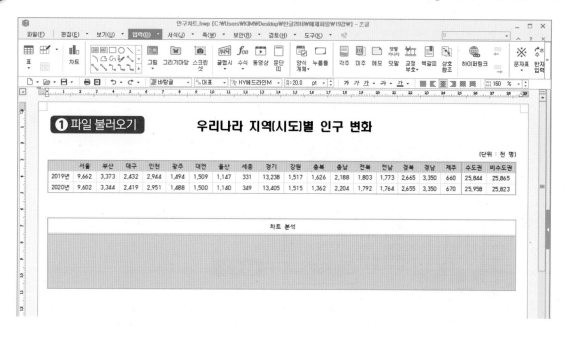

2 아래와 같이 데이터를 드래그 한 후 [입력] 탭의 [차트]를 클릭합니다.

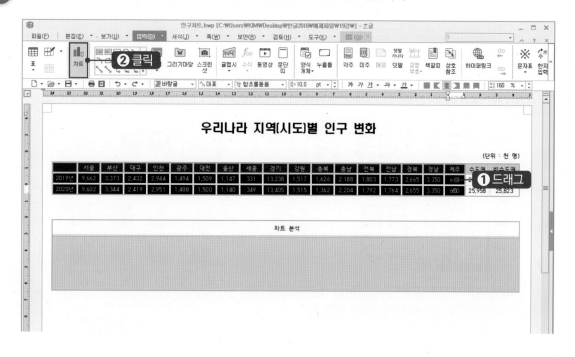

02 차트 마법사로 차트 꾸미기

삽입된 차트를 차트 마법사로 꾸밉니다.

1 삽입된 차트를 표 아래의 위치로 이동시킨 후 차트를 더블클릭하고 마우스 오른쪽 버튼을 클릭하여 바로가기 메뉴의 **[차트 마법사]**를 클릭합니다.

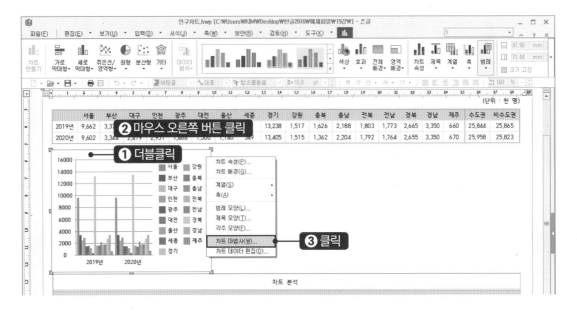

2 **[차트 마법사 – 3단계 중 1단계]** 창에서 '차트 종류 선택'을 '세로 막대형'을 클릭하고 '차트 모양 선택'에서 '묶은 세로 막대형, 항목 간의 값을 비교합니다.'를 클릭하고 **[다음]**을 클릭합니다.

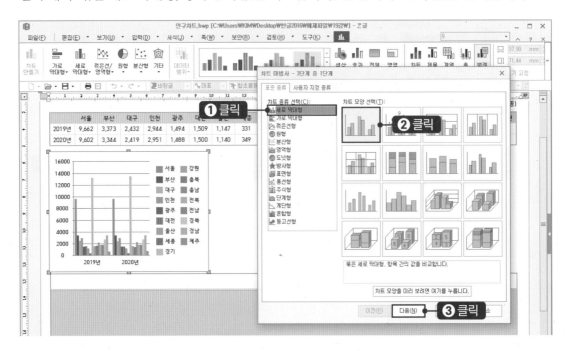

3 [차트 마법사 – 3단계 중 2단계] 창에서 '방향'을 '행'을 클릭하고 [다음]을 클릭합니다.

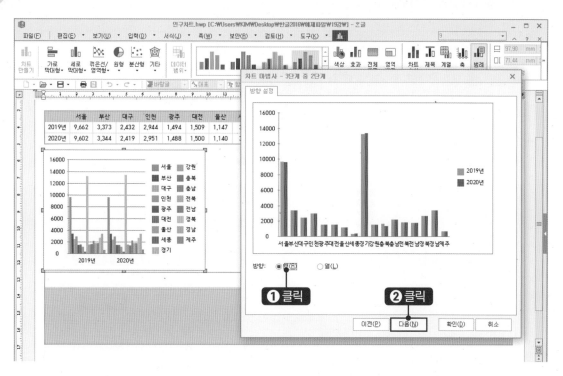

4 [차트 마법사 – 3단계 중 3단계] 창의 [제목] 탭에서 '차트 제목'의 입력칸에 '우리나라 지역별 인구 수'를 입력하고 'X(항목) 축'의 입력칸에 '지역'을 입력합니다.

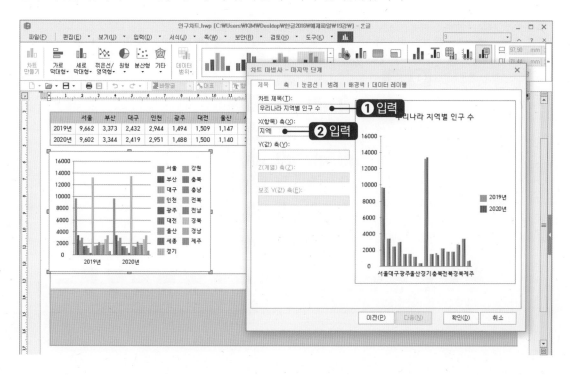

5 그 다음 [차트 마법사 – 3단계 중 3단계] 창의 [범례] 탭을 클릭하고 '범례의 배치'를 '위쪽'으로 선택한 후 [확인]을 클릭합니다.

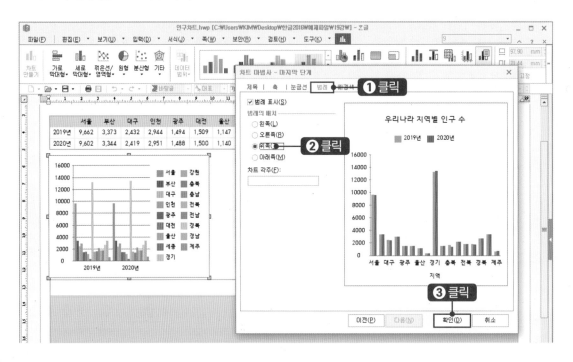

6 삽입된 차트의 너비와 높이를 드래그하여 조정한 후 📊 탭의 차트 스타일의 자세히를 클릭하여 '초록색/붉은색 혼합, 기본 모양'을 선택하여 차트 스타일을 변경합니다.

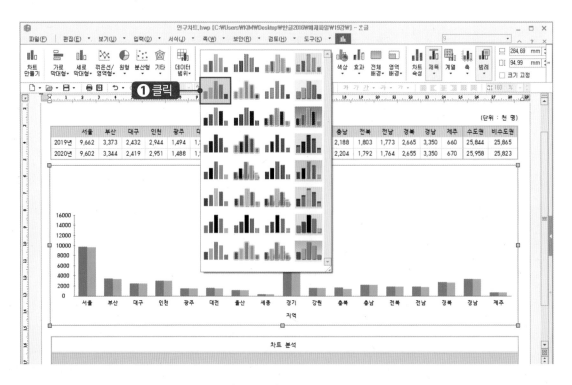

03 원형 차트 삽입하기

데이터를 편집하여 원형 차트를 삽입합니다.

1 Ctrl 키를 이용하여 아래와 같이 셀을 선택한 후 [입력] 탭의 [차트]를 클릭합니다. 삽입된 차트를 더블클릭하고 마우스 오른쪽 버튼을 클릭하여 바로가기 메뉴를 실행한 후 [차트 데이터 편집]을 클릭합니다.

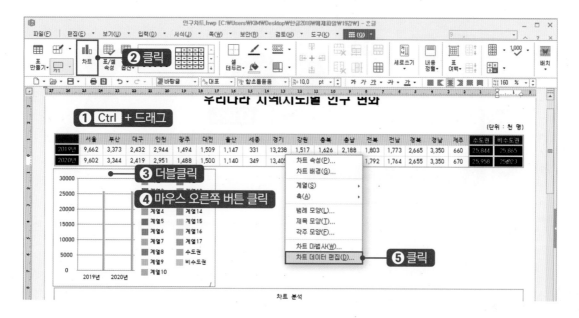

2 '계열 1'을 선택한 후 [선택한 열 지우기]를 여러번 클릭하여 '계열 1' ~ '계열 17' 열을 삭제한 후 [확인]을 클릭합니다.

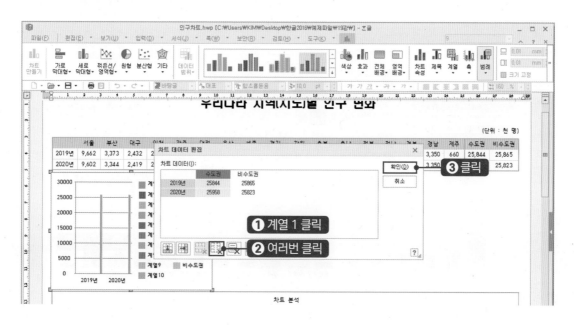

③ 마우스 오른쪽 단추를 클릭하여 [차트 마법사]를 클릭하고 [차트 마법사 – 3단계 중 1단계]에서 '차트 종류 선택'을 '원형'을 클릭하고 '차트 모양 선택'에서 '원형, 전체에 대한 각 값을 백분율 기준 원형으로 보여줍니다.', [차트 마법사 – 3단계 중 2단계]에서 '방향'을 '열', [차트 마법사 – 3단계 중 3단계]의 [데이터 레이블] 탭에서 '백분율'을 체크하고 [확인]을 클릭합니다.

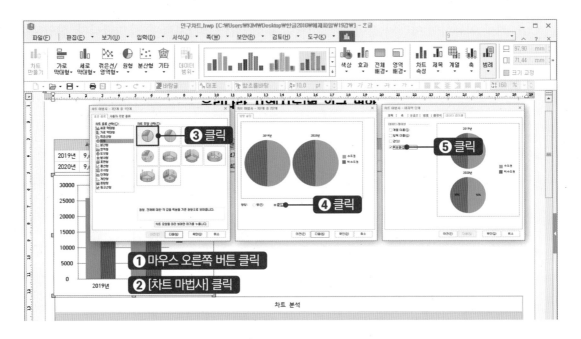

④ 삽입된 원형 차트의 개체 속성을 실행하여 '본문과의 배치'를 '글 앞으로'로 클릭한 후 [설정]을 클릭합니다. 그리고 적절한 위치에 배치합니다.

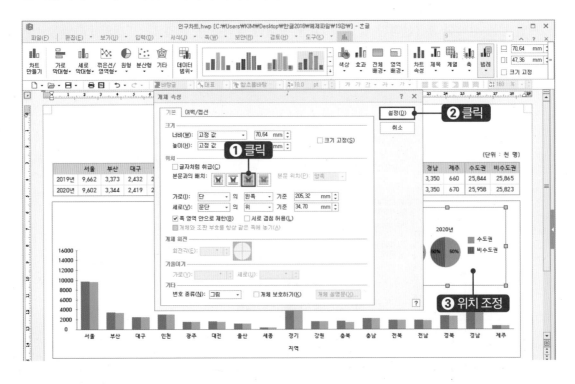

실력 쓱쓱! 창의력 쓱쓱!

1 다음과 같이 차트를 분석해 보세요.

예제파일 차트분석.hwp   완성파일 차트분석(완성).hwp

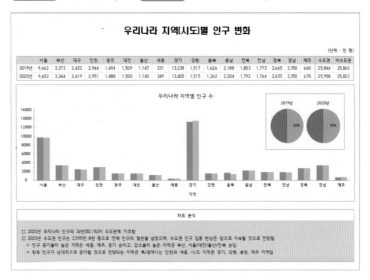

우리나라 지역(시도)별 인구 변화

(단위 : 천 명)

	서울	부산	대구	인천	광주	대전	울산	세종	경기	강원	충북	충남	전북	전남	경북	경남	제주	수도권	비수도권
2019년	9,662	3,373	2,432	2,944	1,494	1,509	1,147	331	13,238	1,517	1,626	2,188	1,803	1,773	2,665	3,350	660	25,844	25,865
2020년	9,602	3,344	2,419	2,951	1,488	1,500	1,140	349	13,405	1,515	1,362	2,204	1,792	1,764	2,655	3,350	670	25,958	25,823

차트 분석
- 2020년 우리나라 인구의 과반(50.1%)이 수도권에 거주함
- 2020년 수도권 인구는 2,595만 8천 명으로 전체 인구의 절반을 넘었으며, 수도권 인구 집중 현상은 앞으로 지속될 것으로 전망됨
  - 인구 증가율이 높은 지역은 세종, 제주, 경기 순이고, 감소율이 높은 지역은 부산, 서울/대전/울산/전북 순임
  - 향후 인구가 상대적으로 증가할 것으로 전망되는 지역은 특/광역시는 인천과 세종, 시/도 지역은 경기, 강원, 충청, 제주 지역임

2 다음과 같이 저금 금액 차트를 완성해 보세요.

예제파일 저금차트.hwp   완성파일 저금차트(완성).hwp

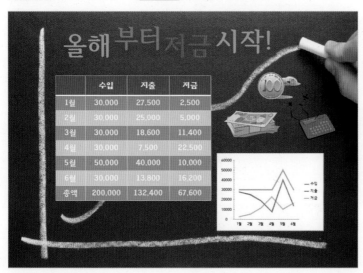

1 1단계
- "꺾은선형, 시간이나 항목에 따른 추세를 보여줍니다."

2 2단계
- 방향 : "열"

종이 액자

오늘의 미션
- ⊘ 편집 용지의 여백 설정하기
- ⊘ 종이 액자 전개도 만들기
- ⊘ 프레임에 패턴 및 색 채우기

 액자는 사진 둘레를 감싸는 틀로 앞부분을 보호하는 투명한 유리나 플라스틱 재질의 판과 뒤부분의 판으로 구성되어 사진이나 그림을 넣어 장식합니다. 또 종이를 접어 액자로 만들어 사용하기도 합니다.

작품 미리보기

예제파일 꽃패턴.png   **완성파일** 종이액자(완성).hwp

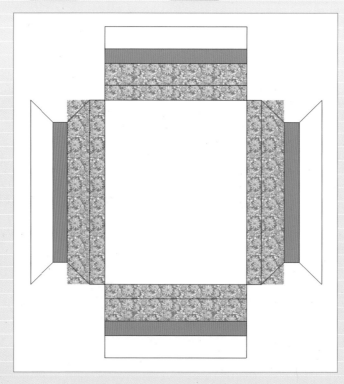

01 편집 용지의 여백 설정하기

종이 액자의 전개도를 삽입하기 위해 편집 용지의 여백을 좁게 설정합니다.

1 한글2016을 실행한 다음 F7 키를 눌러 [편집 용지] 대화상자를 실행하고 '용지 여백'을 '위쪽', '아래쪽', '왼쪽', '오른쪽'은 '5mm', '머리말', '꼬리말', '제본'은 '0mm'로 지정한 후 [설정]을 클릭합니다.

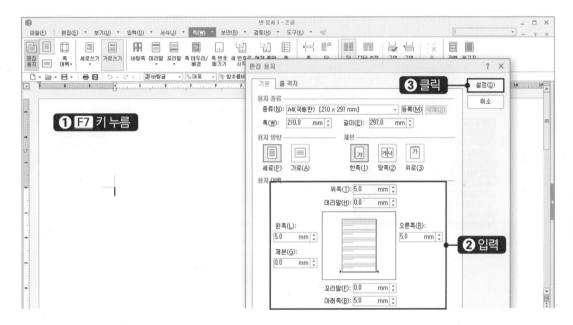

2 [입력] 탭의 [표]를 클릭하여 [표 만들기]를 실행한 후 '줄 수'의 입력칸에 '11', '칸 수'의 입력칸에 '9'를 입력하고 [만들기]를 클릭합니다.

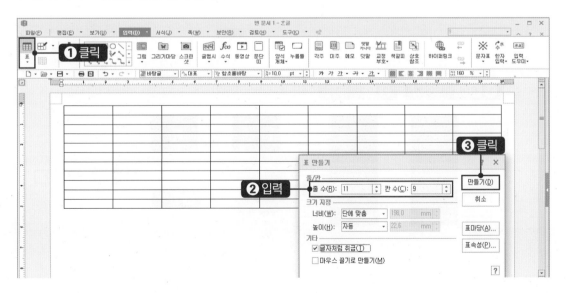

02 종이 액자 전개도 만들기

셀의 너비와 높이를 조절하고 선모양을 지정하여 종이액자 전개도를 만듭니다.

1 Ctrl 키를 누른채 1, 3, 7, 9번째 칸을 드래그하여 선택한 후 P 키를 눌러 [표/셀 속성] 대화상자를 실행합니다. [셀] 탭의 '셀 크기 적용'을 체크하여 활성화 한 후 '너비'의 입력칸에 '15mm'를 입력한 후 [설정]을 클릭합니다.

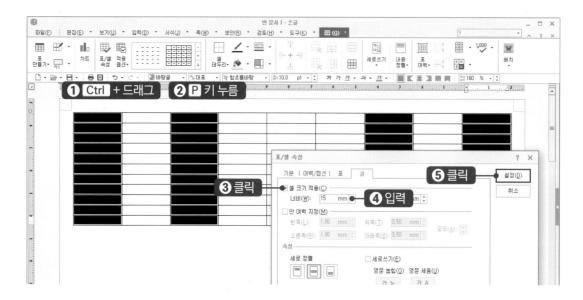

2 Ctrl 키를 누른채 2, 4, 6, 8번째 칸을 드래그하여 선택한 후 P 키를 눌러 [표/셀 속성] 대화상자를 실행합니다. [셀] 탭의 '셀 크기 적용'을 체크하여 활성화 한 후 '너비'의 입력칸에 '10mm'를 입력한 후 [설정]을 클릭합니다.

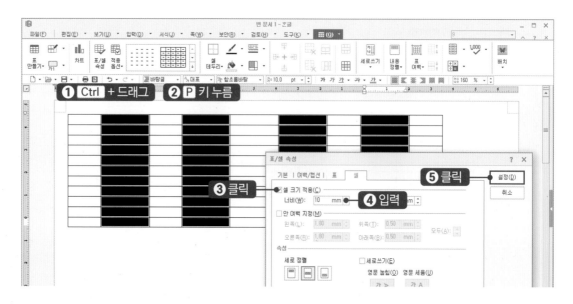

③ Ctrl 키를 누른채 1, 3, 5, 7, 9, 11번째 줄을 드래그하여 선택한 후 P 키를 눌러 [표/셀 속성] 대화상자를 실행합니다. [셀] 탭의 '셀 크기 적용'을 체크하여 활성화 한 후 '높이'의 입력칸에 '15mm'를 입력한 후 [설정]을 클릭합니다.

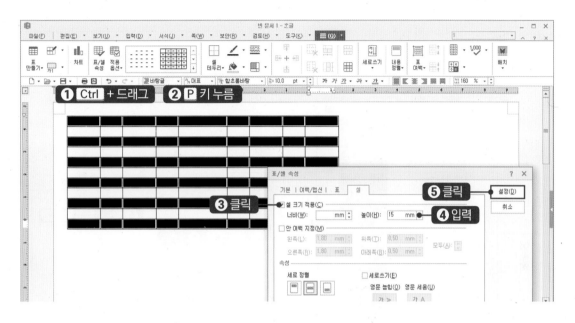

④ Ctrl 키를 누른채 2, 4, 8, 10번째 줄을 드래그하여 선택한 후 P 키를 눌러 [표/셀 속성] 대화상자를 실행합니다. [셀] 탭의 '셀 크기 적용'을 체크하여 활성화 한 후 '높이'의 입력칸에 '10mm'를 입력한 후 [설정]을 클릭합니다.

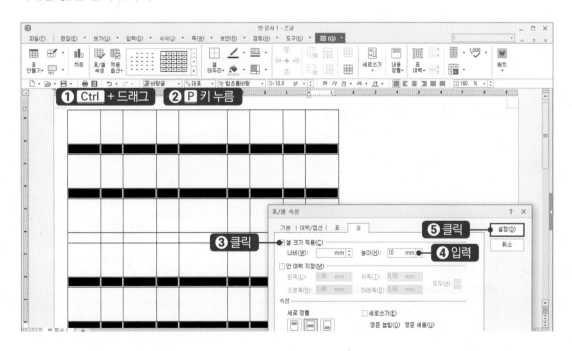

5 `Ctrl` 키를 누른채 5번째 칸을 드래그하여 선택한 후 `P` 키를 눌러 [표/셀 속성] 대화상자를 실행합니다. [셀] 탭의 '셀 크기 적용'을 체크하여 활성화 한 후 '너비'의 입력칸에 '95mm'를 입력한 후 [설정]을 클릭합니다.

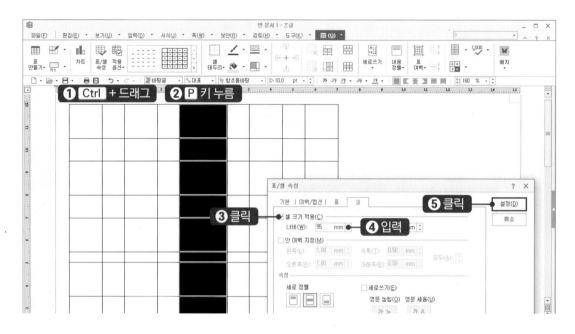

6 `Ctrl` 키를 누른채 6번째 줄을 드래그하여 선택한 후 `P` 키를 눌러 [표/셀 속성] 대화상자를 실행합니다. [셀] 탭의 '셀 크기 적용'을 체크하여 활성화 한 후 '높이'의 입력칸에 '95mm'를 입력한 후 [설정]을 클릭합니다.

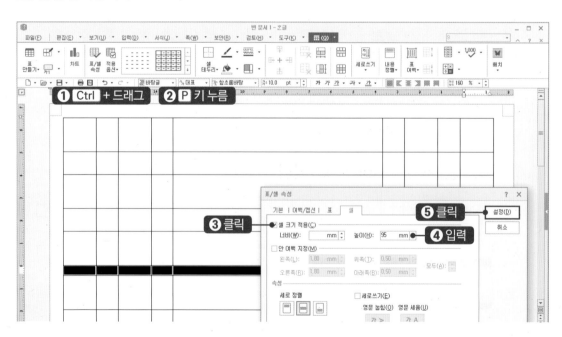

7 Ctrl 키를 누른채 그림과 같이 4개의 셀을 클릭하여 선택한 후 L 키를 눌러 [셀 테두리/배경]을 실행합니다. [대각선] 탭에서 '종류'를 '실선'으로 선택하고 '하향 대각선' 클릭하여 지정한 후 [설정]을 클릭합니다.

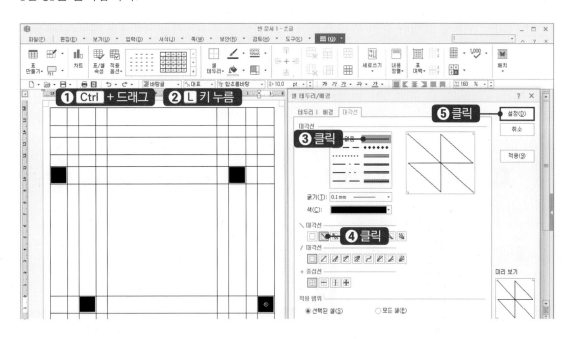

8 **7** 과 같은 방법으로 그림과 같이 셀의 테두리를 지정합니다.

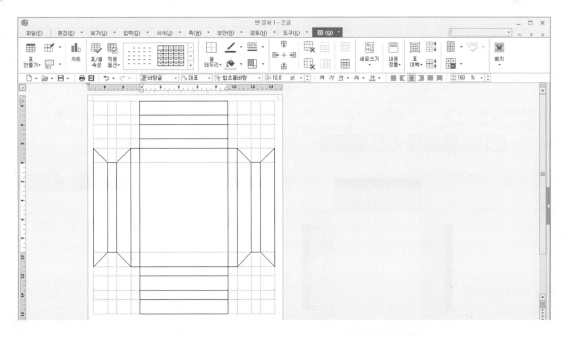

03 프레임에 패턴 및 색 채우기

프레임에 패턴 및 색을 채워 종이 액자의 전개도를 완성합니다.

① [Ctrl] 키를 누른채 그림과 같이 셀을 드래그하여 선택한 후 [C] 키를 눌러 [셀 테두리/배경]을 실행합니다. [배경] 탭에서 '그림'을 체크하여 활성화한 후 '그림 선택'을 클릭하여 '꽃패턴.png'를 불러온 후 '채우기 유형'을 '바둑판식으로-모두'로 지정한 후 [설정]을 클릭합니다.

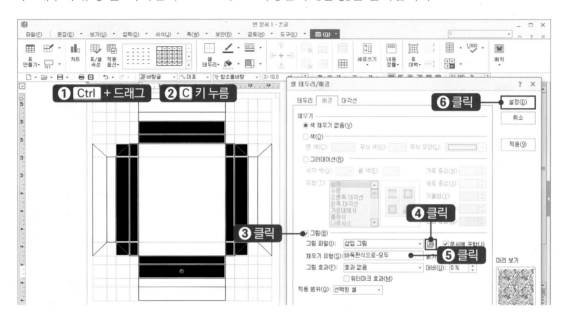

② [Ctrl] 키를 누른채 그림과 같이 셀을 클릭하여 선택한 후 [C] 키를 눌러 [셀 테두리/배경]을 실행합니다. [배경] 탭에서 '면 색'을 임의의 색으로 지정한 후 [설정]을 클릭합니다.

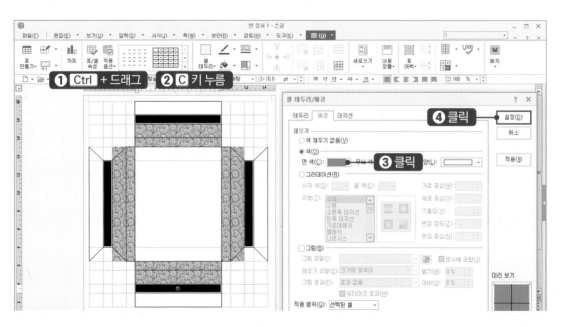

실력 쏙쏙! 창의력 쏙쏙!

① 다음과 같이 차트를 분석해 보세요.

예제파일 국방패턴.png   완성파일 종이액자1(완성).hwp

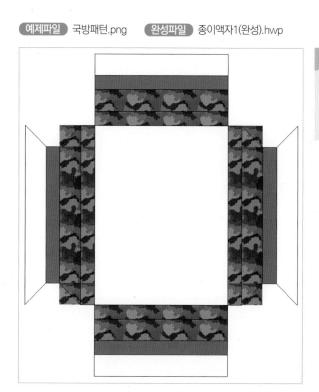

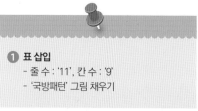

❶ 표 삽입
- 줄 수 : '11', 칸 수 : '9'
- '국방패턴' 그림 채우기

② 문서를 출력해 종이액자를 완성해 보세요.

구구단을 외자!

오늘의 미션
- ✓ 쪽 테두리 및 배경 지정하기
- ✓ 자동 채우기로 입력하기
- ✓ 표에 그림 삽입하기

구구단은 기초적인 곱셈표로 곱셈 계산을 빠르게 할 수 있도록 도와줍니다. 한국에서는 초등학교 2학년에서 곱셈구구로 특유의 리듬에 맞춰 외우면서 배우고 있습니다.

🔍 작품 미리보기

예제파일 2.png~9.png **완성파일** 구구단(완성).hwp

01 쪽 테두리 및 배경 지정하기

종이의 테두리 및 배경색을 변경합니다.

① 한글2016을 실행한 다음 [파일] 탭의 [불러오기]를 클릭하여 '구구단.hwp' 파일을 불러온 후 [쪽] 탭의 [쪽 테두리/배경]을 클릭합니다.

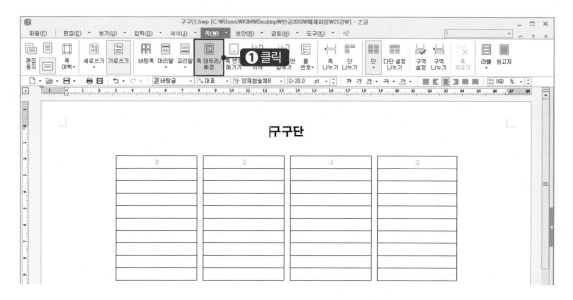

② [쪽 테두리/배경] 대화상자의 [테두리] 탭에서 테두리의 '종류'를 '실선', '굵기'를 '1mm', '색'을 임의의 색으로 정한 후 [배경] 탭을 클릭하여 '면 색'을 임의의 색으로 정하고 [설정]을 클릭합니다.

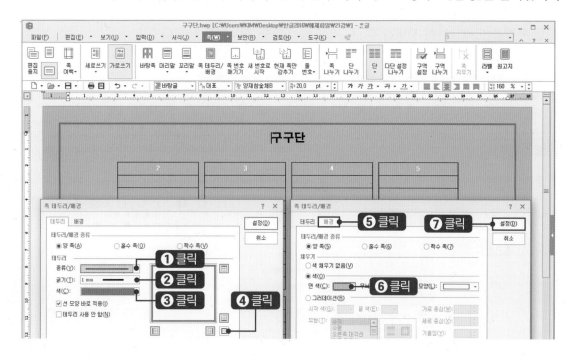

02 자동 채우기로 입력하기

자동 채우기 기능을 이용하여 구구단 표에 데이터를 입력합니다.

1 첫 번째 셀에 '2'를 입력한 후 첫 번째 칸을 드래그하고 마우스 오른쪽 버튼을 클릭하여 [채우기]의 [표 자동 채우기]를 클릭합니다.

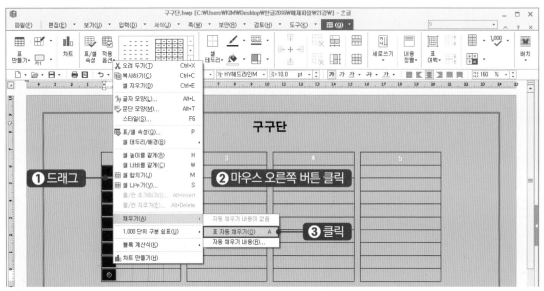

TIP 셀을 선택한 후 A 키를 누르면 빠르게 자동 채우기를 할 수 있어요.

2 두 번째 셀에 커서를 위치시킨 후 [입력] 탭의 [문자표]를 클릭하여 '×'를 입력합니다. 그 다음 두 번째 칸을 드래그하여 선택한 후 A 키를 눌러 자동 채우기를 합니다.

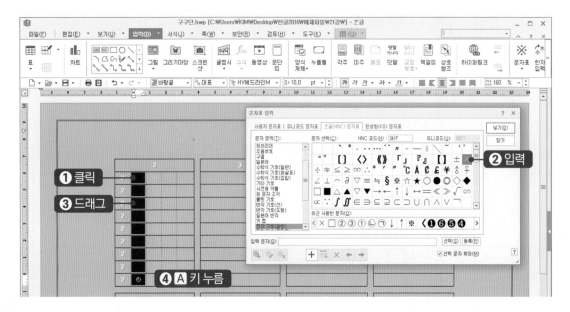

3 세 번째 칸의 첫 번째와 두 번째 셀에 '1'과 '2'를 차례로 입력하고 네 번째 칸의 첫 번째 셀에 '='을 입력한 후 세 번째와 네 번째 칸을 드래그하고 Ⓐ키를 누릅니다.

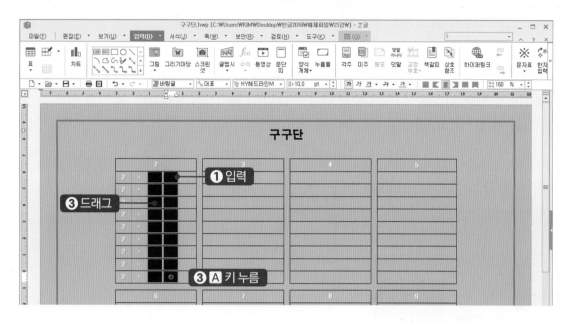

4 다섯 번째 칸의 첫 번째 셀에 커서를 위치시킨 후 마우스 오른쪽 버튼을 클릭하여 [쉬운 계산식]의 [가로 곱]을 클릭하고 계산식이 입력되면 다섯 번째 칸을 드래그한 후 Ⓐ키를 눌러 자동 채우기를 완성합니다.

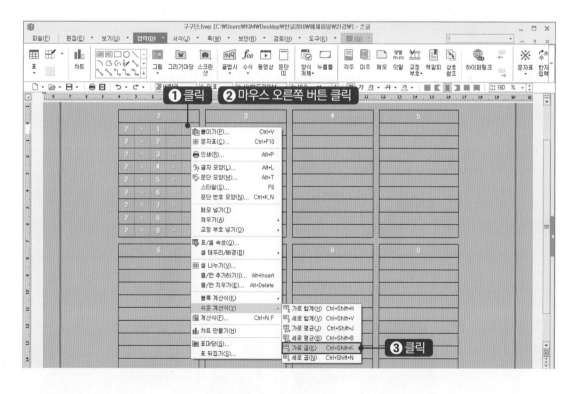

4 ①~④와 같은 방법으로 9단까지 구구단을 입력합니다.

03 표에 그림 삽입하기

표에 그림이 연속되어 보이도록 삽입합니다.

① 2단이 입력된 표의 셀을 드래그하여 선택하고 ⓒ 키를 눌러 [셀 테두리/배경] 대화상자를 실행되면 [표 테두리/배경]을 클릭하고 [배경] 탭에서 '그림'을 체크하여 활성화한 후 '그림 선택'을 클릭하고 '2.png'를 클릭하고 [설정]을 클릭합니다.

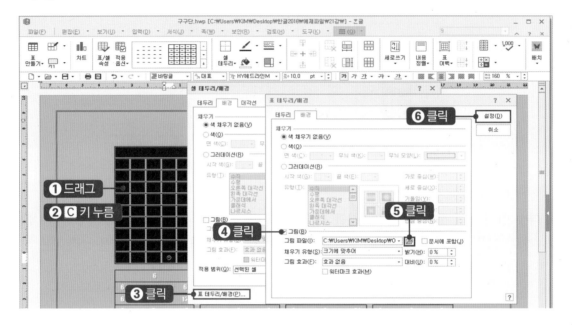

② ①과 같은 방법으로 나머지 표에도 그림을 채워 구구단을 완성합니다.

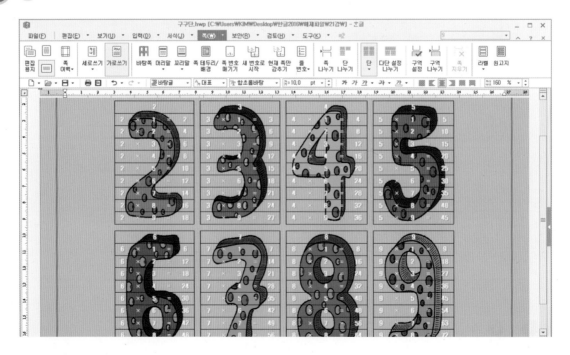

실력 쑥쑥! 창의력 쑥쑥!

1 다음과 같이 시간표를 완성해 보세요.

예제파일 시간표.hwp 완성파일 시간표(완성).hwp

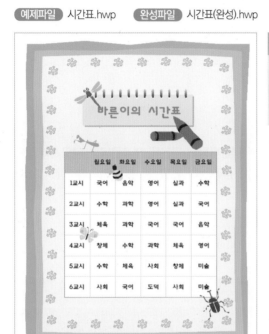

① 자동 채우기
- '월요일', … '금요일'
- '1교시' … '6교시'

2 다음과 같이 십이간지 표를 완성해 보세요.

예제파일 십이간지.hwp 완성파일 십이간지(완성).hwp

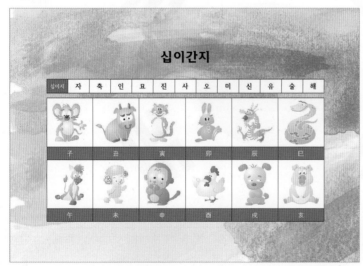

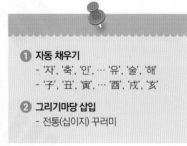

① 자동 채우기
- '자', '축', '인', … '유', '술', '해'
- '子', '丑', '寅', … '酉', '戌', '亥'

② 그리기마당 삽입
- 전통(십이지) 꾸러미

CHAPTER

22

태극기가 펄럭입니다!

오늘의 미션
- ✅ 도형 편집하기
- ✅ 그림을 삽입하고 회전시키기
- ✅ 배경 삭제하기

우리나라 국기인 태극기는 흰색 바탕에 가운데 태극문양과 네모서리의 건곤감리 4괘로 구성되어 있습니다. 4괘의 건곤감리는 하늘, 땅, 물, 불을 의미합니다.

 작품 미리보기

예제파일 태극기.hwp, 감.png, 건.png, 곤.png, 이.png　　**완성파일** 태극기(완성).hwp

01 도형 편집하기

도형을 삽입하고 다각형 편집을 이용하여 새로운 도형을 만듭니다.

1 한글2016을 실행한 다음 [**파일**] 탭의 [**불러오기**]를 클릭하여 '태극기.hwp' 파일을 불러온 후 [**입력**] 탭의 '타원'을 추가하고, 더블클릭하여 [**개체 속성**]을 실행합니다. [**기본**] 탭에서 '너비'의 입력칸에 '90mm', '높이'의 입력칸에 '90mm' 입력하여 크기를 지정하고, [**선**] 탭에서 '종류'를 '선 없음', [**채우기**] 탭에서 '면 색'을 '빨강'으로 지정합니다.

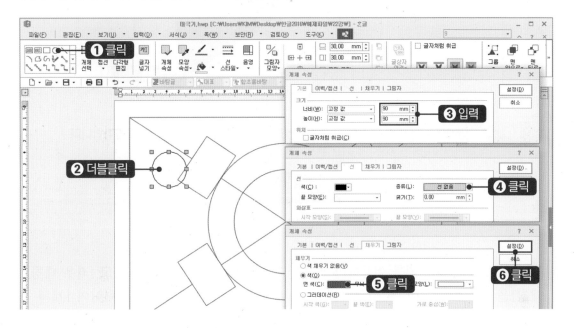

2 삽입된 타원을 가운데 위치시킨 후 마우스 오른쪽 버튼을 클릭하여 [**다각형 편집**]을 클릭합니다.

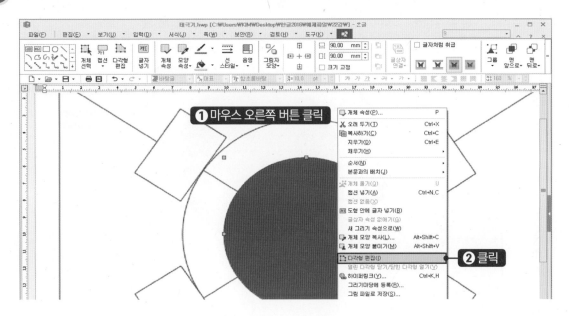

3 다각형 편집점을 드래그하여 반원 모양으로 편집합니다.

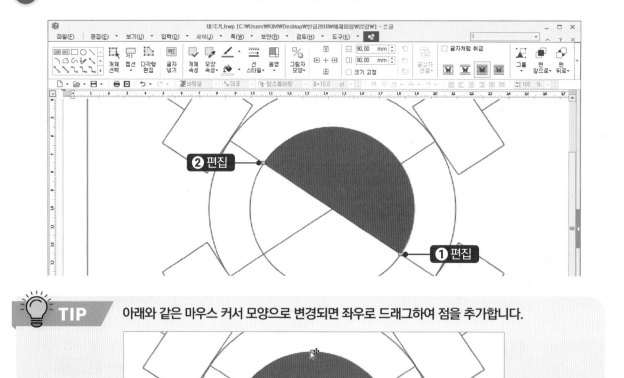

TIP 아래와 같은 마우스 커서 모양으로 변경되면 좌우로 드래그하여 점을 추가합니다.

4 편집된 도형을 Ctrl 키를 이용하여 복사한 후 📄 탭의 [회전]을 클릭하고 [좌우 대칭], [상하 대칭]을 차례로 클릭한 후 밑그림에 맞춰 배치합니다. 그 다음 더블클릭하여 [개체 속성]을 실행하여 [채우기] 탭의 '면 색'을 '파랑'으로 지정합니다.

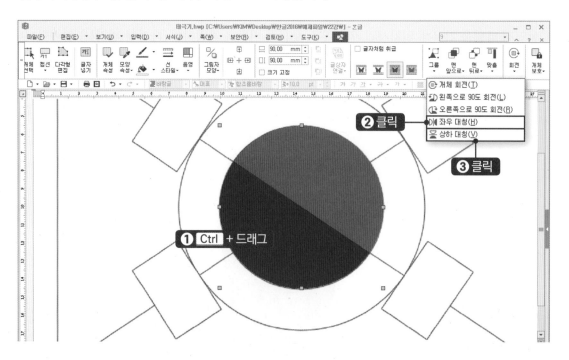

5 [입력] 탭의 타원을 클릭하여 추가한 후 더블클릭하여 [개체 속성]을 실행합니다. [기본] 탭에서 '너비'의 입력칸에 '45mm', '높이'의 입력칸에 '45mm' 입력하여 크기를 지정하고, [선] 탭에서 '종류'를 '선 없음', [채우기] 탭에서 '면 색'을 '빨강'으로 지정합니다.

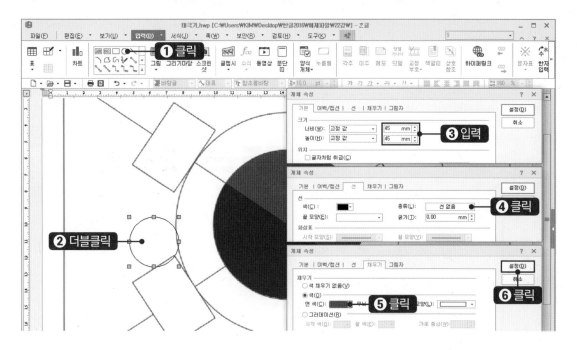

6 빨강색의 타원을 복사한 후 더블클릭하여 [개체 속성]을 실행합니다. [채우기] 탭에서 '면 색'을 '파랑'으로 변경한 후 태극문양이 되도록 배치합니다.

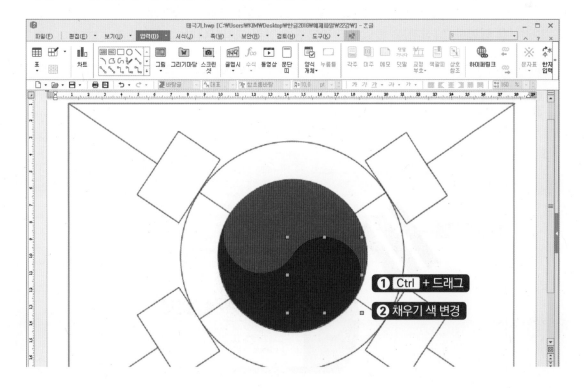

02 그림을 삽입하고 회전시키기

그림을 삽입하고 회전각을 입력하여 그림을 회전시킵니다.

1 [입력] 탭의 [그림]을 클릭하여 '건.png'를 삽입합니다.

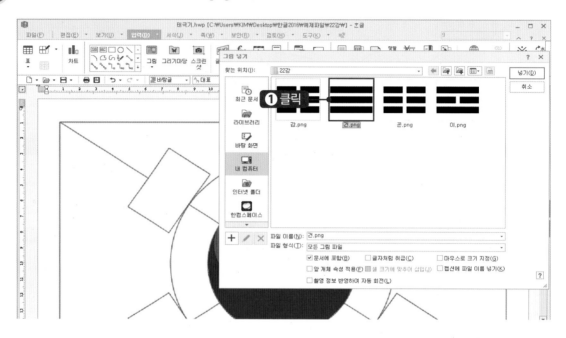

2 삽입된 '건' 그림을 더블클릭하여 [개체 속성]을 실행하고 [기본] 탭에서 '회전각'의 입력칸에 '124°'를 입력하고 [설정]을 클릭하고 밑그림에 맞춰 배치합니다.

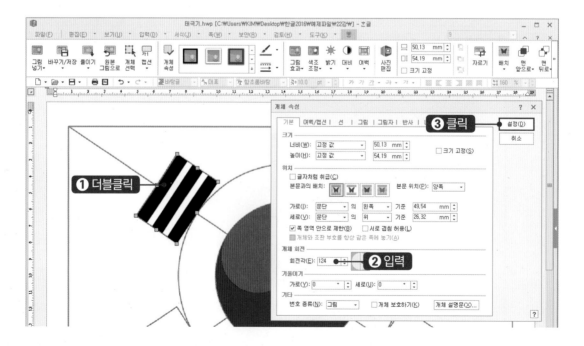

3 ① ~ ② 와 같은 방법으로 '곤.png', '감.png', '이.png'를 삽입하고 회전각을 각각 124°, 236°, 236°로
변경하여 아래와 같이 완성합니다.

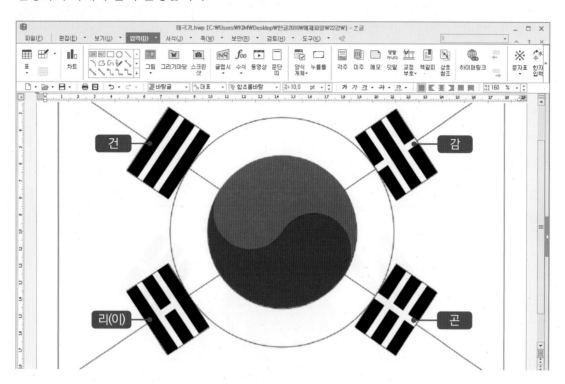

4 [입력] 탭의 '직사각형'을 클릭하여 삽입하고 더블클릭하여 [개체 속성]을 실행합니다. [기본]
탭에서 '너비'의 입력칸에 '270mm', '높이'의 입력칸에 '180mm' 입력하여 크기를 지정하고,
[채우기] 탭에서 '면 색'을 '하양'으로 지정합니다.

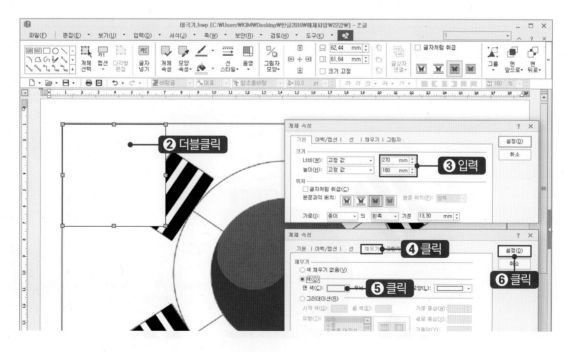

03 배경 삭제하기

배경으로 삽입되어 있는 그림을 삭제하여 밑그림을 제거합니다.

1 직사각형을 선택하고 ⬛ 탭의 [맨 뒤로]를 클릭합니다.

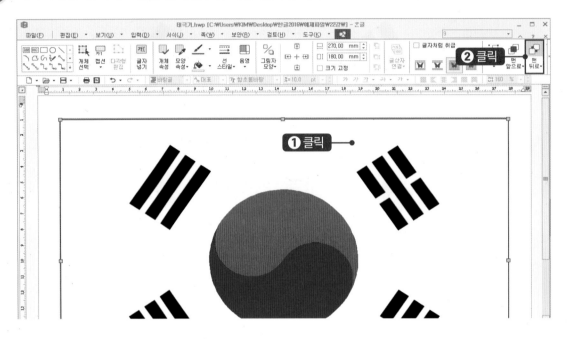

2 [쪽] 탭의 [쪽 테두리/배경]을 클릭하고 [배경] 탭의 '그림'을 클릭하여 비활성화 한 후 [설정]을 클릭합니다.

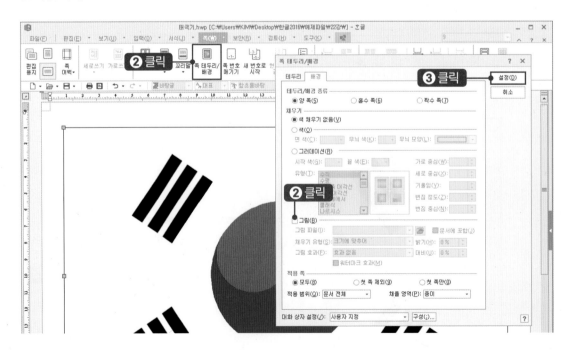

실력 쑥쑥! 창의력 쑥쑥!

1 다음과 같이 삼태극 문양을 완성해 보세요.

[예제파일] 삼태극문양.hwp [완성파일] 삼태극문양(완성).hwp

삼태극 문양 만들기

❶ '타원' 도형 채우기
- 면 색 : '빨강', '파랑', '노랑'

❷ '타원' 도형 삽입
- 너비 : '75mm', 높이 : '75mm'
- 점편집으로 반원 만들기
- 면 색 : '빨강', '파랑', '노랑'

2 다음과 같이 기하학 문양을 완성해 보세요.

[예제파일] 없음 [완성파일] 삼태극문양(완성).hwp

기하학 문양 만들기

❶ '타원' 도형 삽입
- 너비 : '60mm', 높이 : '60mm'
- 선 굵기 : '3mm'
- 선 색 : 임의의 색

❷ '직사각형' 도형 삽입
- 너비 : '97.55mm', 높이 : '97.55mm'
- 선 굵기 : '3mm'
- 선 색 : 임의의 색
- 사각형 모서리 곡률 : '둥근 모양'

폴리곤 아트

오늘의 미션
- ⊘ 색 골라내어 면 색 채우기
- ⊘ 개체를 선택하여 개체 묶기
- ⊘ 개체를 연결하여 서명 넣기

폴리곤이란 3D 그래픽에서 물체를 표현할 때 쓰이는 기본 단위인 다각형을 말하는데 이 다각형을 이어 붙여 입체적으로 만드는 예술을 폴리곤 아트라고 합니다.

작품 미리보기

예제파일 프레임.jpg, 폴리곤아트.hwp **완성파일** 폴리곤아트(완성).hwp

01 색을 골라내어 면 색 채우기

색을 골라내어 다각형의 면 색을 채웁니다.

1 한글2016을 실행한 다음 **[파일]** 탭의 **[불러오기]**를 클릭하여 '폴리곤아트.hwp' 파일을 불러옵니다. 다각형을 더블클릭하여 **[개체 속성]**을 실행하고 **[채우기]** 탭에서 '면 색'의 **[색 골라내기]**를 클릭하고 추출할 색을 클릭하여 색을 지정하고 **[설정]**을 클릭합니다.

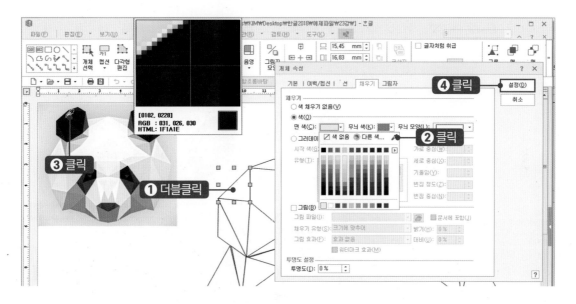

2 **1** 과 같은 방법으로 아래와 같이 다각형의 면색을 채우고 삽입되어 있는 그림을 삭제합니다.

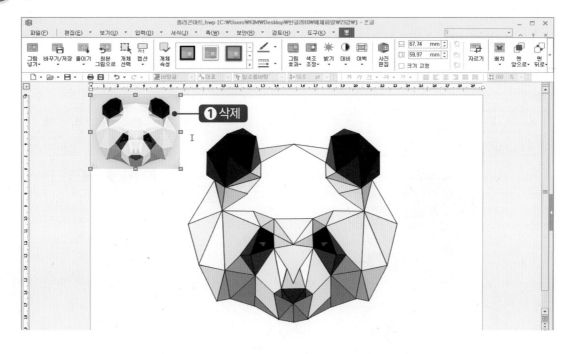

02 개체를 선택하여 개체 묶기

다각형을 모두 선택하여 개체를 묶고 선을 없앱니다.

1 [편집] 탭의 [개체 선택]을 클릭한 후 다각형이 모두 선택되도록 클릭, 드래그합니다. 그 다음 마우스 오른쪽 버튼을 클릭하여 [개체 묶기]를 클릭합니다.

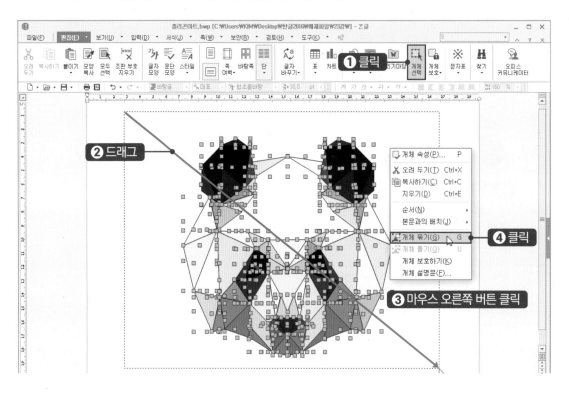

2 그룹화된 개체를 더블클릭하여 [개체 속성]을 실행하고 [선] 탭에서 '종류'를 '선 없음'으로 지정하고 [설정]을 클릭합니다.

개체를 연결하여 서명 넣기

배경에 프레임 그림을 삽입하여 액자 속 그림으로 만들고, 개체를 연결하여 서명을 추가합니다.

1 [쪽] 탭의 [쪽 테두리/배경]을 클릭하고 [배경] 탭에서 '그림'을 체크하여 활성화하고 '그림 선택'을 클릭하여 '프레임.jpg'를 삽입한 다음 '채우기 유형'을 '크기에 맞추어'로 지정한 후 [설정]을 클릭합니다.

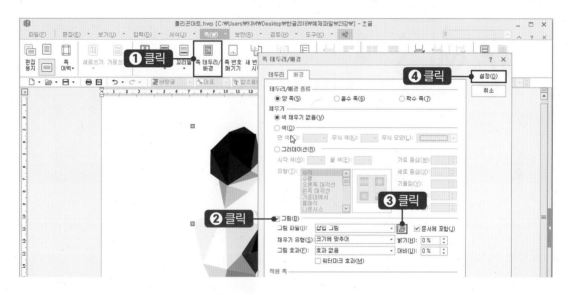

2 [입력] 탭을 클릭하고 [개체]의 [OLE 개체]를 클릭하여 '개체 형식'의 '그림판 그림'을 클릭한 후 [넣기]를 클릭합니다.

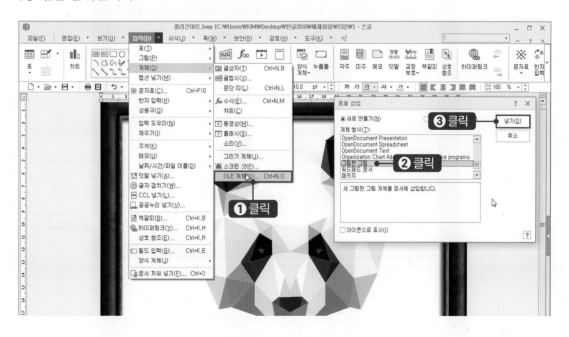

③ 실행된 그림판 창에서 작업 영역의 크기를 조절한 후 '브러시', '크기'를 지정하여 서명을 그리고 [닫기]를 클릭합니다

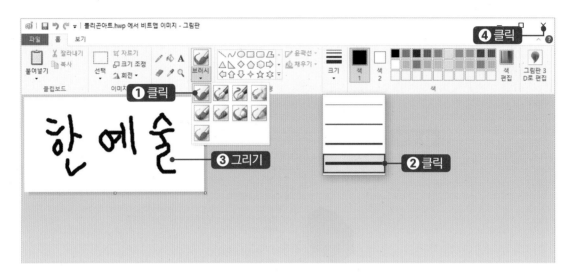

④ 추가된 개체의 크기와 위치를 조절하여 작품을 완성합니다

실력 쑥쑥! 창의력 쑥쑥!

1 다음과 같이 니모 아트를 완성해 보세요.

예제파일 니모.hwp, 배경.jpg   완성파일 니모(완성).hwp

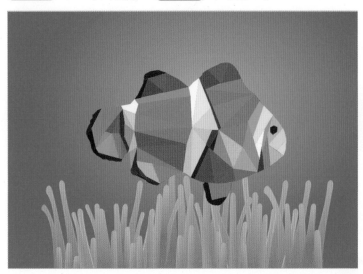

❶ '다각형' 도형 채우기
- 면 색 : 스포이트 지정 색
- 선 종류 : '선 없음'

❷ '배경' 그림 채우기

2 다음과 같이 사과 아트를 완성해 보세요.

예제파일 사과.hwp   완성파일 사과(완성).hwp

❶ '다각형' 도형 채우기
- 면 색 : 임의의 색
- 선 종류 : '선 없음'

CHAPTER
24

작품 모음집

오늘의 미션
- ✓ 머리말 넣기
- ✓ 다단 설정하기
- ✓ 스크린 샷

한글2016 작품만들기 과정에서 배운 내용을 최종 점검합니다.

🔍 **작품 미리보기**

예제파일 작품모음집.hwp   **완성파일** 작품모음집(완성).hwp

작품 모음집

| 과정 : OA마스터 한글2016 작품만들기 | 이름 : 박완성 |

1. 동요 가사집
- 스타일을 설정하여 빠르게 가사를 입력했어요.
- [F6] 키를 누르면 스타일 설정을 빠르게 할 수 있었어요.

2. 나의 버킷 리스트
- 그림을 삽입하고 삽입한 그림을 잘라 사용했어요.
- 말풍선을 삽입하여 내 머릿속의 버킷 리스트를 작성했어요.

3. 복불복 돌림판
- 타원 도형과 선 도형을 삽입했어요.
- 맞춤 기능을 이용해서 원형 돌림판을 만들었어요.
- 글상자로 텍스트를 입력했어요.

4. 달달 암기장
- 한글 문서를 빠르게 작성할 수 있도록 단축키를 사용했어요.
- 키캡을 추가하여 단축키 모음집 암기장을 만들었어요.

5. 도깨비 가면
- 그리기 조각의 개체를 풀고 묶어 도깨비를 만들었어요.
- 도형을 편집하여 새로운 도형을 만들었어요.

6. 다각형으로 포스터 만들기
- 다각형 그리기를 이용하여 글자를 만들었어요.
- 배경으로 그림을 삽입하는 방법과 개체로 그림을 삽입하는 방법을 배웠어요.

7. 나만의 히어로 피규어
- 표를 이용하여 피규어의 전개도를 만들었어요.
- 셀에 그림을 채우고 도형으로 전개도의 이음부분을 만들었어요.

8. 가로 세로 낱말 퍼즐
- 표를 추가하고 텍스트가 셀의 위쪽에 입력되도록 속성을 변경했어요.
- 가로세로낱말퀴즐을 풀어봤어요.
- 사전을 이용해 뜻을 검색했어요.

---

01 머리말 넣기

문서의 머리말에 텍스트를 입력하여 매 페이지마다 텍스트가 반복되도록 합니다.

1 한글2016을 실행한 다음 [파일] 탭의 [불러오기]를 클릭하여 '작품모음집.hwp' 파일을 불러온 후 [쪽] 탭의 [머리말]을 클릭하고 [머리말/꼬리말]을 클릭합니다.

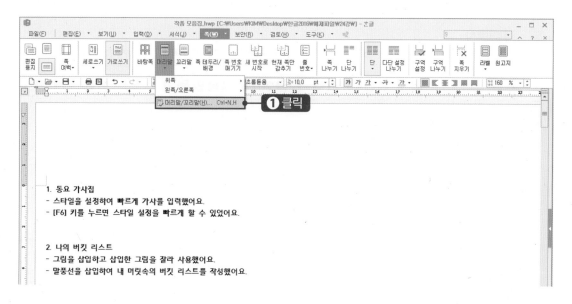

2 [머리말/꼬리말] 대화상자가 실행되면 '종류'를 '머리말', '위치'를 '양 쪽', '머리말/꼬리말마당'을 '없음'으로 선택한 후 [만들기]를 클릭합니다.

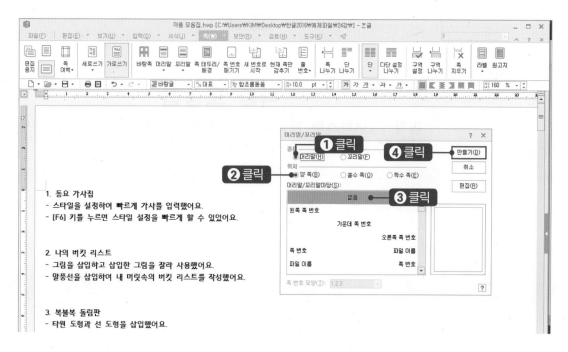

3 [입력] 탭의 [표]를 클릭하여 [표 만들기] 대화상자를 실행하고 '줄 수'의 입력칸에 '2', '칸 수'의 입력칸에 '1'을 입력하고 [만들기]를 클릭한 후 텍스트를 입력합니다. 입력한 텍스트의 '글자 크기'는 '30pt'와 '20pt', '글꼴'은 '양재참숯체B', '가운데 정렬'로 지정합니다.

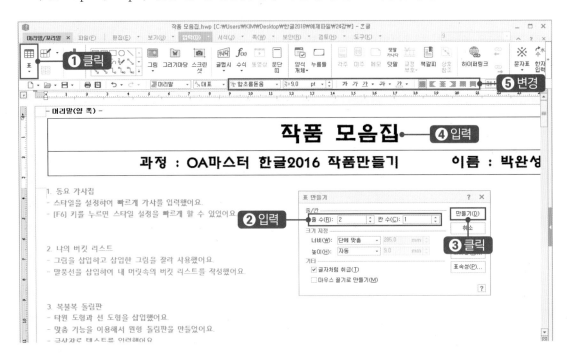

4 입력이 완료되면 [머리말/꼬리말] 탭에서 [머리말/꼬리말 닫기]를 클릭합니다.

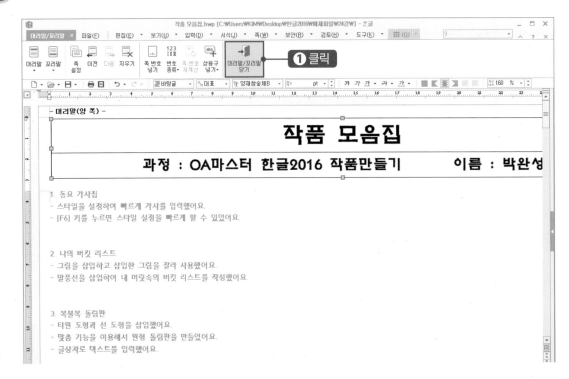

02 다단 설정하기

다단을 설정하여 문서를 4개의 단으로 변경합니다.

1 문서의 맨 앞에 커서를 위치시킨 후 [쪽] 탭의 [단]을 클릭합니다.

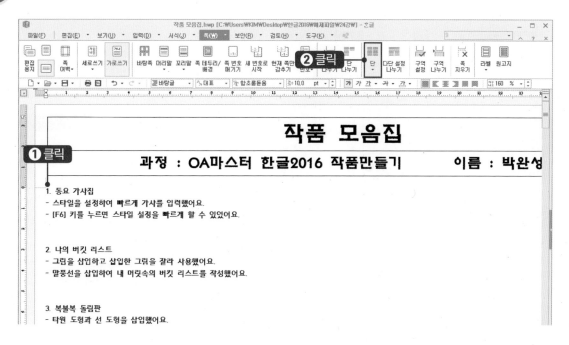

3 [단 설정] 대화상자가 실행되면 '단 개수'의 입력칸에 '4', '구분선 넣기'를 체크하여 활성화 한 후 [설정]을 클릭합니다.

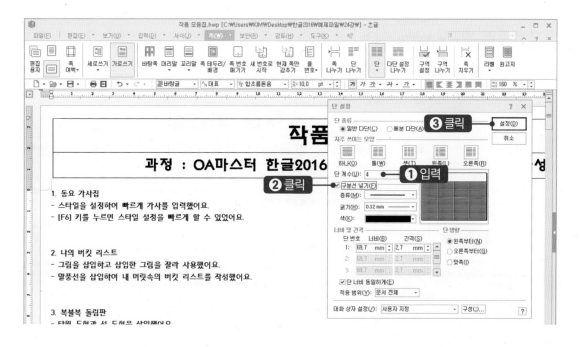

03 스크린 샷

스크린 샷으로 화면을 캡처하여 문서에 입력합니다.

1 만든 작품의 문서를 불러오기하여 한 장의 화면에 보이도록 준비합니다.

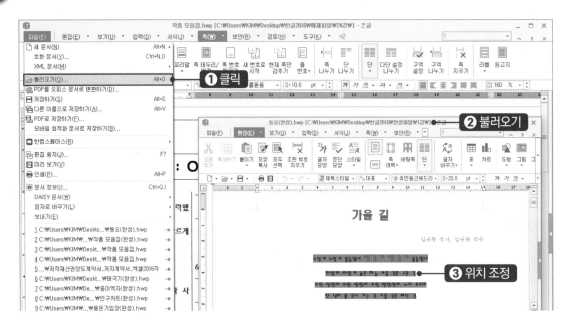

2 6번째 줄에 커서를 위치시킨 후 [입력] 탭의 [스크린 샷]을 클릭합니다.

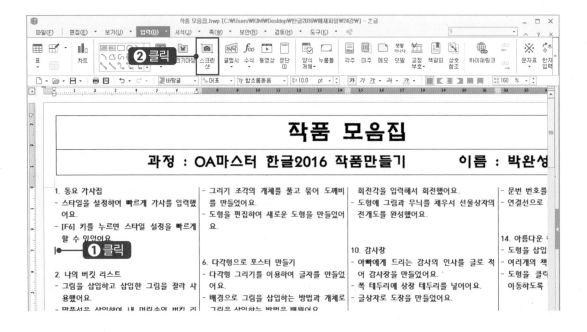

③ [스크릿 샷] 대화상자가 실행되면 열어 놓은 '동화.hwp' 문서 창을 선택한 후 '문서에 포함', '글자처럼 취급'을 체크하여 활성화한 후 [넣기]를 클릭합니다.

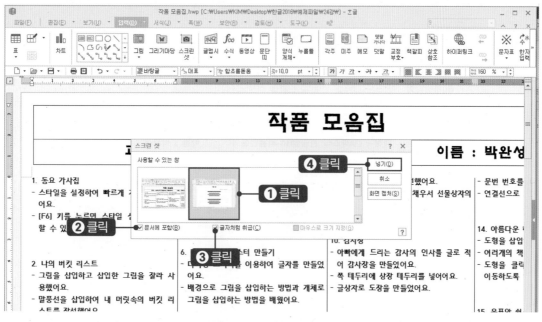

TIP 상태표시줄에서 커서의 위치를 확인할 수 있어요.

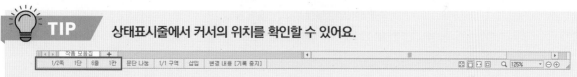

④ ① ~ ③ 과 같은 방법으로 아래와 같이 작품 모음집을 완성합니다

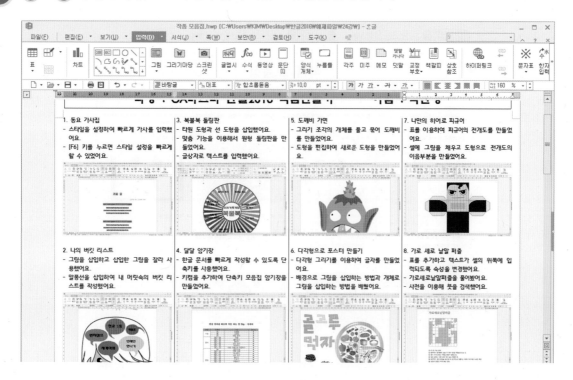

실력 쑥쑥! 창의력 쑥쑥!

1 다음과 같이 '9강~16강'의 작품 모음집 완성해 보세요.

예제파일 작품모음집.hwp　　**완성파일** 작품모음집1(완성).hwp

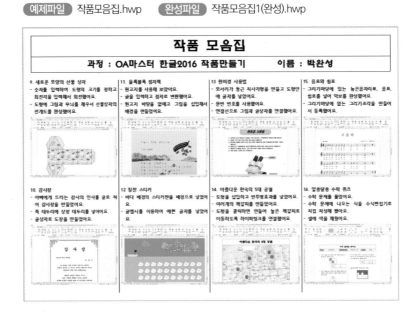

2 다음과 같이 '17강~23강'의 작품 모음집 완성해 보세요.

예제파일 작품모음집.hwp　　**완성파일** 작품모음집2(완성).hwp

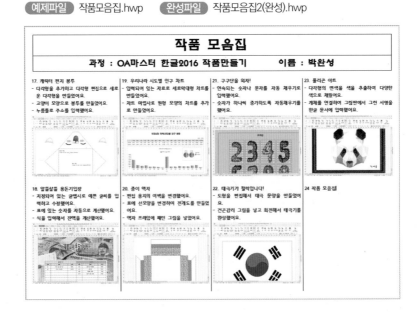